Knaur

Marita Hennig

Loslassen

- 7 Wege zu mehr Kraft und Gelassenheit
- 50 entspannende Kurzmeditationen

www.knaur.de

Inhaltsverzeichnis

Meditieren entspannt und erfrischt

Ich begrüße Sie recht herzlich und freue mich, dass Sie Ihren persönlichen Alltag mit kurzen Meditationen bereichern wollen. Vielleicht sind Sie noch auf der Suche nach einer für Sie geeigneten Entspannungs- und Konzentrationsmethode, oder Sie wollen Ihr Wissen erweitern und versprechen sich von diesem Buch mit seiner CD neue Anregungen. Ich wünsche mir, dass ich Ihren Erwartungen gerecht werde.

Ich leite neben meiner Tätigkeit als Bewegungs- und Gruppentherapeutin in einer Klinik freiberuflich Kurse in klassischen Entspannungsverfahren, wie das Autogene Training und die progressive Muskelentspannung, für Kinder und Erwachsene. In diese Arbeit habe ich immer mal wieder einige meiner Lieblingsmeditationen einfließen lassen und war von den Reaktionen selbst verblüfft. Häufige Kommentare waren: »Können wir das noch einmal machen, ich konnte mich entspannen und habe noch häufig in der Woche bis zu unserem heutigen Treffen an diesen kleinen Ausflug gedacht!«, oder: »Ich habe immer geglaubt, meditieren sei etwas für Esoteriker und Menschen, die den ganzen Tag nichts zu tun haben.«

Alles, was während einer Meditation geschieht, ist schon vorher in Ihnen. Wenn Gefühle auftauchen und spürbar sind, werden sie nur erweckt. Und das ist gut so, denn das Unterdrücken von Gefühlen lässt auf Dauer Krankheiten entstehen.

Innere Blockaden lösen

Sogar sehr rational eingestellte Menschen sprachen auf unsere kurzen Meditationen mit Leuchten in den Augen an. Mit diesen für mich immer wieder beeindruckenden Erinnerungen will ich Ihnen verdeutlichen, dass Meditationen mehr versprechen als den Erwerb von tiefer Entspannung und die Verbesserung der Konzentration. Meditieren lernen heißt:

- die eigenen Selbstheilungskräfte zu aktivieren,
- wohlwollende Selbstkritik und Selbstkontrolle zu trainieren und
- als höchste Disziplin die Verbindung und Vereinigung mit dem höheren Bewusstsein – was immer Sie persönlich darunter verstehen – zu erreichen.

In meinem klinischen Alltag versuche ich, meine Patienten zu sportlicher Betätigung zu animieren. Bewegung ist lebenswichtig: Wer sich nicht bewegt, setzt zu wenige Energien frei und blockiert innerlich. Mein Steckenpferd sind körperorientierte, meditative Übungen. Die Erfahrung, dass man über Köperhaltung und innere Ausstrahlung auch positiv nach außen strahlt, ist ein häufiges Ergebnis, nicht zuletzt durch meditative Schulung.

Ein und dieselbe Meditation löst bei jedem eine andere Reaktion aus, die in hohem Maße von den persönlichen Erfahrungen abhängig ist. Dennoch: Verstehen Sie die Meditationen in diesem Buch als Anregungen, die Sie nach eigenem Gutdünken modifizieren können.

Meditation ist »alltagstauglich«

Sie haben vielleicht schon einige Bücher, Kurse oder andere bereichernde Einblicke in meditative Sphären erleben dürfen. Ich bin Ehefrau und Mutter von drei Kindern und gönne mir den Luxus, Entspannung und meditative Ausflüge in meinen turbulenten Alltag zu integrieren. Stress ist aber auch für mich kein Modewort, und ich behaupte nicht, dass Meditationen alles Belastende außer Kraft setzen können. Ich bin durch meine tägliche Arbeit mit Patienten und Kursteilnehmern immer wieder hautnah mit den verheerenden Auswirkungen von Ausbeutung und fehlender Liebe dem eigenen Ich gegenüber konfrontiert. Und ich möchte Sie, liebe Leserin/lieber Leser, da abholen, wo Sie sich gerade in Ihrer Lebenssituation befinden. Manche Meditation mag heute nicht in Ihr Konzept passen, Ihnen unglaublich, ja manchmal sogar anmaßend erscheinen. Gehen Sie gelinde mit sich um, und bitte auch mit mir, denn ich werde nicht immer Ihren Ton treffen. Trotzdem bin ich ganz sicher, an irgendeiner Stelle treffen wir uns – das ist dann Begegnung, das ist ein Geschenk; ich freue mich darauf, Sie dann anrühren zu dürfen.

Meine lieben Leser, ich erlaube mir, Ihnen im Folgenden das »Du« anzubieten. Da ich Ihr persönliches Einverständnis nicht einholen kann, setze ich es einfach mal voraus. Durch diese vertraute Anrede wünsche ich mir einen engeren Kontakt und ein tieferes Einströmen der Meditationen.

Ihre Marita Hennig

Loslösen vom Alltagsstress – in der Ruhe liegt die Kraft

Wer seine Kraft- und Ruhequellen versiegen lässt, trocknet innerlich aus, wird spröde, zerbrechlich und unflexibel. Körper und Seele nehmen Schaden. Wir müssen diesen Prozess umkehren und dürfen nicht länger der lauten Welt mehr Glauben schenken als unserem eigenen Körper.

Innere Kräfte neu wecken

Wenn die »goldene Verbindung« zwischen Körper und Seele unterbrochen ist, können kurze Pausen helfen, sich dieser inneren Kraft wieder bewusst zu werden. Die brachliegenden inneren Schätze werden wieder poliert. Die neu erworbene oder wieder gefundene Einheit von Körper, Geist und Seele lässt uns dann wieder dankbar und achtsam sein.
Aber ich möchte in diesem Buch wenig über Ungesundes sprechen, es sei denn um Gesundes zu verdeutlichen und sichtbar zu machen. Kurzmeditationen lassen Gesundes sichtbar werden!

Die harmonische Balance

Erinnere dich einmal an Lebensabschnitte, wo du voller Kraft und Vitalität warst. Alles in dir und um dich herum erscheint dann zu blühen. Dein Geist ist gestärkt und wach, dein Körper pulsiert vor Frische und Energie. Deine Sinne sind in solchen Momenten ungetrübt und nehmen alles von außen und innen Kommende klar und bewusst wahr. Alles, was wir tun, scheint mühelos und gelingt, ganz einfach – kinderleicht.
Du befindest dich in solchen Lebensmomenten im absoluten Gleichgewicht. Meditationen besitzen die Kunst dieses Gleichgewicht zu entwickeln. Wenn du gelernt und gespürt hast, dass du mit kleinen Meditationsübungen deine Energie anhäufen und Entspannung erfahren kannst, brauchst du nur noch deinem Körper zu vertrauen; er wird dein bester Lehrmeister sein.

Wer in unserer hochtechnisierten, schnelllebigen Zeit von sich behauptet, keinen Stress zu haben, der lebt entweder auf einem hohen Berg im Himalaja oder ist tot. Meditationen sind ein wirksamer Weg, immer wieder zur eigenen Mitte zu finden.

Wohltat für Körper und Seele

Wenn du meditierst, verändern sich automatisch deine vegetativen Funktionen. Ich nenne einige Vorteile:

- Das Herz hat weniger zu tun und kann Kraft sammeln.
- Die Blutgefäße entspannen sich; dein Energieträger, das Blut, darf ohne Störung durch deinen Körper fließen.
- Der Atem darf sich seinen entspannten Rhythmus aussuchen.
- Die Muskeln dehnen sich aus und haben frei.

Wenn du die Aufzählung der durch Meditation zu erzielenden Vorteile noch einmal – oder vielleicht noch mehrmals – langsam durchliest, spürst du die Wirkung der Aussagen körperlich. Spürst du vielleicht auch die meditative Wirkung von Wiederholungen?

Du hast auch Gewinne auf geistiger und seelischer Ebene zu verzeichnen, wenn du meditierst:

- Du wirst durch die Schulung von Achtsamkeit sensibler für innerpsychische Prozesse. Dadurch erweiterst du dein Gefühlsspektrum und erhöhst deine Selbstakzeptanz.
- Du verbesserst deine Konzentration und lernst Wichtiges von Unwichtigem zu unterscheiden.
- Du erfährst sehr bald automatisch Spannungsabbau und Stressreduktion.
- Du bist leistungsfähiger und kreativer bei Arbeit und Freizeit.

Warum Wiederholungen wichtig sind

Ich arbeite mit meinen Patienten und Kursteilnehmern sehr viel mit so genannten Leitsätzen oder formelhaften Vorsätzen. Das sind individuell gestaltete Sätze; wenn sie einmal den Kern treffen, bleiben sie Lebensbegleiter und können sogar alte, unfruchtbare und selbstschädigende Sätze aus ihrem Leben erneuern. Beispiel: »Leiste viel, dann haben wir dich lieb« (Liebe und Anerkennung über Leistung), oder »Was sollen denn die anderen Leute denken?« (fremdbestimmte Handlungen).

Solche persönlichkeitsschädigenden Aussagen aus Kindheit und Jugend werden nicht selten noch im Erwachsenenalter wie ein lästiger Kropf mit sich herumgetragen und blockieren wertvolle Kapazitäten. Gesünder ist die Umstellung auf:

»Ich weiß, was ich kann, und ich kann, was ich weiß« oder **»Ich kenne meinen Wert und lebe unbeschwert«.**

Eine solche wertvolle und deinem wahren Selbst entsprechende Veränderung ist nicht einfach. Das Ergebnis sind zwar Gesundung und weniger Selbstzweifel, ein gesunder Egoismus, Erweiterung des eigenen Spektrums, um nur einige Vorteile zu nennen. Aber du bist dann nicht mehr der »30-Grad-Schonwaschgang-Mensch«, der nur schaut, was die anderen Leute von ihm denken, und der versucht, es allen recht zu machen.

Negative Leitsätze umwandeln

Lass dir an dieser Stelle Zeit und überlege dir eigene schädliche Sätze und Gedanken, die dich immer wieder von deinem lebensbejahenden Weg abbringen. Wenn du die Sätze aufschreibst, erkennst du schwarz auf weiß ihre negative Strahlung. Versuche dann einen Satz, der dir am leichtesten erscheint, umzukehren, schreibe auch diesen Satz auf, aber erst, wenn er dir richtig gut gefällt. Das empfindest du körperlich, wenn du genau hineinspürst. Einige hilfreiche Regeln beim Aufbau eines Leitsatzes:

- Kurze und knappe Sätze formulieren.
- Negationen eher vermeiden und positiv formulieren.
- Immer im Hier und Jetzt formulieren, z.B. falsch: »Ich werde irgendwann ein selbstbewusster Mensch.« Richtig: **»Ich bin ich und ich bin wertvoll.«** Diese Sätze lassen sich hervorragend in deine Meditationen einbauen, sei erfinderisch.

Mehr über Leitsätze als wirksame Hilfe im Alltag findest du in meinem Buch: »Autogenes Training - Ruhe und Kraft im Alltag finden« (Knaur Verlag, München 2003).

Ein positives Lebensmotto finden

Mit meinen Patienten erarbeite ich ihre Kernsätze vor einem überdimensionalen Spiegel. Herzergreifende Szenen habe ich dort erleben dürfen. Ein Fallbeispiel: Eine missbrauchte Frau geht mit meiner Unterstützung auf sich zu (ihr letzter Blick in den Spiegel lag Jahre zurück) und wiederholt: »Heute kann mich niemand verletzten, ich bin eine wertvolle Frau.« Später blieb übrig: **»Ich bin eine wertvolle Frau, ich weiß es genau.«**
Zögernd, aber irgendwie zielstrebig geht ein bis dahin kraft- und antriebsarmer Mann auf den Spiegel zu und erkennt zunächst zögerlich: **»Ich bin mutig, kräftig und frei, es bleibt dabei.«** Sein bisheriges Lebensmotto aus seiner Stammfamilie war: »Bemüh dich erst gar nicht, das schaffst du nie.«
Tief angerührt hat mich eine Patientin, die sich selber aufgegeben hatte. Alle therapeutischen Angebote schlugen fehl. Ihr biografischer Hintergrund war erschütternd und ließ Hilfe von außen immer als Bedrohung erscheinen. Sie erarbeitete sich mit viel Körper- und Traumatherapie ihren Überlebenssatz: **»Ich will leben!«**

Tipp: Nimm ein einzelnes Wort, das dich anspricht, tief in deinem Inneren auf. »Rufe« dieses Wort innerlich in kritischen Momenten während des Tages. So wirst du mehr Abstand und Ruhe bei auftretenden Störungen finden.

Einige Beispiele von mir: Ich behaupte von mir, dass ich die vielen unterschiedlichen Aufgabenbereiche in meinem Leben nur harmonisch und mit Freude gestalte, weil ich mit formelhaften Vorsätzen meine innere Energie erspüre und unterstütze. Einige meiner Leitsätze lauten: »Nicht rauchen macht mich stolz und frei.« Der Satz verhilft mir seit über 20 Jahren, nicht zu rauchen. »Ich bin und bleibe schlank, dann werd ich auch nicht krank.« So halte ich – mit Plus und Minus – mein Gewicht stabil. »Ich setz mich auf die Welle, dann geht es auf die Schnelle.« Ein unterstützender Satz bei meinen drei unkomplizierten Geburten.

Jeder kann meditieren

Ich maße mir nicht an, auf ein paar gedruckten Seiten die wunderbare Vielfalt von Meditationstechniken zu beschreiben. Wenn du angeregt und inspiriert durch unser gemeinsames Buch (ich habe es geschrieben und du vervollständigst es durch deine mentalen und spirituellen Erlebnisse) dich immer weiter meditativ »vergrößerst«, ist ein großer Wunsch von mir in Erfüllung gegangen: Es gibt wieder einen Menschen, nämlich DICH, der sich im turbulenten Alltag auf Wesentliches besinnt und Gesundheit von Körper, Geist und Seele nicht als selbstverständlich ansieht, sondern dankbar täglich dafür sorgen will, dass sein Gleichgewicht wieder hergestellt oder erhalten bleibt. Du wirst durch die Einblicke in geführte Meditationen deinen Ausblick so erweitern, dass du im positiven Sinne »süchtig« nach innerem Frieden Ausschau hältst.

Was ist Meditation?

Man sagt, Meditation ist so alt wie menschliches Sprechen und Denken. Meditation bedeutet: Nachdenken, sinnende Betrachtung. Jeder kann meditieren und jeder hat schon meditiert. Hast du nicht schon mal einem schlafenden Kind zugeschaut? Bestimmt kennst du die Faszination vom Wellenspiel des Meeres?

Sicher hast du schon mal versunken einem beruhigenden Gedanken nachgespürt? Ein andächtiges Gebet kann ebenfalls sehr wohl tuend sein. Nach solchen Ruhemomenten hast du dich bestimmt vitaler und ausgeruhter gefühlt. Du siehst: Meditieren ist nichts wirklich Neues für dich.
Einen großen Unterschied gibt es aber: In Meditationen entscheidest du dich bewusst, einen Moment lang innezuhalten, um Ruhe und Kraft durch geistige Sammlung zu schöpfen. Diese Sammlung schult dein Bewusstsein und stärkt die Einheit von Körper Geist und Seele.

Meditieren ist nicht etwas, was exotische Gurus in fernen Ländern treiben. Dieser Begriff umfasst eine Geisteshaltung, die fast jeder in manchen Momenten des Lebens schon als erholsam und bereichernd erlebt hat.

Zu welchem Zweck dient Meditation?

Die ausgewählten Meditationen und Übungen kannst du auf verschiedene Weise einsetzten:

- Als Entspannungsübung, für mehr Ruhe, Ausgeglichenheit und Gelassenheit.
- Du kannst dich mit einem bestimmten Thema auseinander setzen und so für persönliche Weiterentwicklung durch Selbsterfahrung sorgen.
- Wenn du geübt bist, kannst du einfach mit einzelnen Textstellen »spielen«, die dich ansprechen, z. B.: *»Suche dir eine Ruheecke und mache es dir gemütlich. Reise mit einem Fahrzeug deiner Wahl (Schiff, Hubschrauber, Ballon, Auto ...) zurück in deine Kindheit, in die Zeit, als du zwölf Jahre (oder älter, oder jünger) alt warst. Lass alles, was wichtig war, vor deinem Inneren auftauchen, ohne Bewertung und ohne einzugreifen. Wie sieht die Umgebung aus? Kannst du Menschen entdecken, die in dieser Zeit für dich wichtig waren? Kannst du Farben und Gerüche wahrnehmen? Gibt es Orte, die du aufsuchen willst? Gibt es Aussprachen oder sind Versöhnungen überfällig, die du bisher vermieden hast?«* Zum Abschluss: »Fahre wieder ins Hier und Jetzt zurück und integriere deine Erfahrungen eigenverantwortlich in dein Erwachsenenleben.« Hier bleibt immer viel Raum für eigene Gestaltung und freie Assoziationen.

Meditation im Tagesablauf

Du kannst bestimmte Meditationen und Übungen als feste Rituale in deinen Alltag integrieren. Beispiele:

- Morgens: »Guten Morgen ...« (CD Titel 2).
- Mittags: »Spann an, lass los – das ist famos« (CD Titel 8). Um Kräfte zu mobilisieren und zu entspannen.
- Feierabend: Als Übergang vom Arbeitsprozess zum wohlverdienten Feierabend: Du bleibst eine kleine Weile in deinem Auto sitzen, bevor du dein Haus betrittst. Du streifst in Gedanken die »Lumpen« des Alltags von dir ab (vielleicht mit ein paar tiefen Atemzügen, oder du hörst dir deinen Lieblingssong in deiner Lautstärke an) und ziehst gedanklich dein Festkleid an. Du spürst dich als Gotteskind der Erde und freust dich, auf der Welt zu sein. Die lustige Variante: Du hängst beim Eintreten in deine Wohnung deine ausgezogene Jacke so lange an den sprichwörtlichen Haken, bis alle Alltagssorgen hinter dir liegen und du gestärkt und offen für dich und andere da bist.
- Abends: Du konzentrierst dich auf ein friedvolles, Kraft spendendes Abendgebet.

Du meditierst frei mit Wörtern die dich ansprechen, wie bei CD-Titel 5: »Wertvolle Pause...«. Unsere Sprache hat so viele beeindruckende Wörter zur Verfügung. In Ruhemomenten können sie sich wie Balsam auf deine Seele legen und dich im Tagesablauf oder vor dem Einschlafen begleiten und stützen. Sei erfinderisch und vertraue bei der Auswahl der Rituale auf dein Gespür.

Rituale gliedern den Tag

Rituale sind festgelegte Abläufe, die häufig zu einer bestimmten Zeit an einem bestimmten Ort durchgeführt werden. Alltagsriten sind z. B. Zähneputzen, Zeitunglesen, Begrüßung, Abschiednehmen. Sie laufen meist automatisch ab, und wir denken wenig über sie nach. Spirituelle Rituale werden bewusst durchgeführt, mit dem Ziel, Veränderung herbeizuführen oder sich mit dem höheren Bewusstsein zu verbinden.

In meinem klinischen Alltag arbeiten wir häufig mit Ritualen. Ein wirkungsvolles Ritual: Ein geschriebener Brief, der nicht abgeschickt wird, aber alle Verletzungen, Kränkungen und Fragen beinhaltet, die nie im Leben beantwortet wurden, aber tief im Inneren die Seele anfressen. Zum Abschluss wird der Brief vernichtet (verbrannt, zerrissen oder weggespült). Oder ich lasse negative krankmachende Angewohnheiten aufschreiben oder auf Band aufnehmen. Danach werden sie gelöscht und durch positive Eigenschaften ersetzt. Diese können immer wieder angehört werden, wenn das Alte durchzubrechen beginnt. Durch solche äußeren Rituale werden innere Wandlungen erzeugt. Auch hierbei ist das Ziel Loslassen und Seelenruhe finden, und nicht Festhalten, was nicht zu halten ist und krank macht.

Nichtstun und Energie einsparen haben nichts mit Faulheit zu tun. Energie sparen, Ruhe und Kraft tanken bedeuten eine Stärkung deines Immunsystems. Du bist damit in Besitz eines wertvollen Heilmittels, das dir hilft, Krankheiten vorzubeugen oder bereits bestehende Störungen zu lindern oder zu beseitigen.

Kraftquelle Fantasie

Ich biete dir gelenkte Meditationen und Fantasieausflüge an. Dadurch wird deine eigene Fantasie angeregt, und du wirst aufmerksamer für positive, selbstheilende Kräfte in dir. In gelenkten Fantasien probt dein Körper Situationen und Begebenheiten für die Realität. Deine Fantasie zu trainieren bedeutet einen sicheren Einstieg in die Meditation. Ein wichtiger Ausspruch von Albert Einstein lautet: »Fantasie ist wichtiger als Wissen.«
Gelenkte Fantasiemeditationen sind keine Tagträumereien, denn diese stellen eine Flucht vor der Realität dar. Benutze unsere Meditationen nicht, um einem für dich unangenehmen Tag zu entfliehen: Das bedeutet Ablenkung und nicht Wachstum. Benutze das Eindringen in deine meditative Welt vielmehr als Einkehr und Einsicht, gib deinem arbeitsreichen Tag ein neues buntes Gesicht, lasse alles durchsichtiger und deutlicher für dich sein.

Leicht und doch schwer – sei du selbst

Ich wünsche dir, dass du die Meditationsübungen dazu benutzt, dir zu erlauben, du selbst zu sein. Ohne Bewertung und ohne Beurteilung. Ich werde oft gefragt: »Was muss ich tun und wie fühlt es sich an zu meditieren und nur da zu sein, nicht einzugreifen?« Ich kann keine Antwort geben, die jeden erreicht. Aber vielleicht meine momentane innere Sicherheit aufschreiben: »Ich muss gar nichts tun, denn ich bin sowieso der, der ich bin. Spiele mit der Antwort, es gibt kein verlieren oder gewinnen, kein wirklich abgestecktes Ziel, dass ich erreichen muss. Gelassenheit ist heute mein Zauberwort auf meinem Weg, Gelassenheit und Vertrauen auf eine höhere Macht.«

Vertraue deinem höheren Bewusstsein

Vertrauen in eine höhere Macht hat etwas sehr Beruhigendes. In kritischen Lebensphasen besteht jedoch immer die Gefahr, die Verantwortung abzugeben und Schuld zuzuweisen. Ich durfte mehrfach erfahren, dass dieser menschliche Irrtum einfach sein darf und keiner da ist, der strafend eingreift, auch wenn ich noch so lange warte.

Vor diesem Thema habe ich Respekt, lieber Leser, denn du wirst deine eigenen Erfahrungen mit Gott und der Welt gemacht haben, da will ich mich nicht einmischen. Kann man meditieren, ohne das höhere Bewusstsein anzurufen?

Eine Frage, die mich lange beschäftigt hat. Hier meine bescheidene Antwort: Ich bin sehr religiös erzogen worden, was dazu führte, dass ich im Pubertätsalter unter anderem mit meiner Schwester ab und zu die Messfeiern »schwänzte« und mich hinterher über den Inhalt der Predigt informiert habe. Ich habe nach meiner Grundschulzeit eine Schule besucht, die von Ursulinerinnen geleitete wurde, eher streng und mit wenig Spielraum für Spirituelles und Lust an Kreativität. »Diesen engen Rahmen soll der liebe Gott gut finden?«, war eine häufige innere Frage während dieser Zeit für meine Freunde und für mich. Ich habe dann Gott ganz den Rücken gekehrt und die Freundschaft gekündigt, als er mir, viel zu früh, plötzlich und aus heiterem Himmel meine Mutter mit 56 Jahren weggeholt hat. Ich erinnere mich wie heute daran, dass ich als erste Handlung mein Gebetbuch voller Zorn und Wut in die Mülltonne geworfen habe. Ein unbeschreiblich gutes Gefühl, dem lieben Gott die Stirn zu bieten! Ich habe viel Kraft verbraucht bei dieser inneren Rebellion, Distanz halten zu Gott und ihn zu hassen. Unterstützung fand ich bei meinem lieben Vater, der ohne viele Worte meine Entscheidungen in dieser für mich emotional belastenden Zeit mittrug. Er stellte keine Ansprüche an mich, ich brauchte nicht, wie es sich gehört, auf den Friedhof zu gehen und so meine Trauer vor der Öffentlichkeit zu dokumentieren. Ich brauchte keine Blumen auf ein totes Grab zu stellen, wie es von anderen Angehörigen gewünscht wurde. In tiefer Demut sage ich meinem mittlerweile verstorbenen Vater DANKE, denn seine großzügige Haltung hat dazu beigetragen, dass ich meinen eigenen Weg suchen und gehen durfte.

Innere Klarheit kommt in der Entspannung

Innerer Unfriede macht krank. Die Sehnsucht nach Ausgeglichenheit und Frieden mit Gott ist ein elementares Bedürfnis. Durch meine Auseinandersetzung mit Entspannungs- und Meditationsverfahren konnte ich dem höheren Bewusstsein, Gott oder wie immer wir es nennen, nicht mehr ausweichen. Der frontale Zusammenstoß blieb aber aus. Gott war mir nicht böse, sondern ließ mich unbemerkt und großzügig wieder anknüpfen an das Band, das ich mit aller Kraft durchtrennt geglaubt hatte. Heute weiß ich, dass die Trennung nur einseitig stattgefunden hat. Auf Grund dieser und anderer Erfahrungen lasse ich meinen eigenen drei Kindern viel Spielraum, mit Gott in Verbindung zu treten und zu ihm eine Beziehung aufzubauen.

Vorschlag: Vielleicht machst du für heute an dieser Stelle einfach unser Buch zu und verweilst bei deiner eigenen Erfahrung, meditierst ohne einzugreifen, spürst dich einfach in deinem Atem, lässt dich begleiten von deinem Atem. Das ist Meditation, ganz einfach, kinderleicht – bis später!

Mit Kindern meditieren

Übrigens, mit Kindern zu meditieren ist immer etwas ganz Besonderes. Meine Kurskinder lieben diese Ausflüge, sind danach kreativ und finden spielerisch Lösungen für ihre Probleme. Der liebe Gott kommt manchmal vor, aber ohne eine konkrete Religion einzubauen. Die bunte Mischung der Kinder würde dies gar nicht zulassen, und es ist auch überhaupt nicht nötig. Die Kindermeditationen helfen, das geistige Spektrum der Kinder offen zu halten; bei uns Erwachsenen muss es meistens erst wieder geöffnet werden.

Dogmatismus schadet nur, wenn man sich auf Meditationen einlässt. Ob du damit die Verbindung zu deiner persönlichen Gottesvorstellung intensivieren oder aber schlicht Entspannung nach einem stressigen Tag finden möchtest – nur dein Ziel ist wichtig.

Die Antwort liegt in dir

Meine Devise lautet: »Gott, ja!«, aber jeder auf seine Weise. Der Glaube an eine höhere Macht darf nie einengen, sondern muss Weite und Entfaltung versprechen. Das eigene Gespräch mit dem höheren Bewusstsein in Form eines Gebetes lässt meine frühere Rebellion manchmal wieder aufflackern, weil ich keine sofortige Antwort auf meine gestellten Fragen bekomme. Aber ich kann immer häufiger über meine Ungeduld lächeln. Ist denn nun meditieren möglich, ohne das höhere Bewusstsein anzurufen? Meine Antwort kennst du nun. Es lohnt sich, deine eigene zu finden.

Der Einstieg mit Buch und CD

Das Buch mit seiner CD soll dich inspirieren und dir Lust machen, deine inneren Kräfte und versteckten Schätze aufzuschließen. Wenn du schon Erfahrungen mit Ausflügen in die meditative Welt hast, wünsche ich mir, dass du dich durch einige neue Ausblicke bereichern lässt. Bist du meditativer Einsteiger, ist das Wichtigste deine Neugier. Vielleicht auch schon dein inneres Gespür, dass du selber in der Lage bist zu wissen, was für dich das Beste ist. Du wirst nach und nach selbst die einflussreichen Möglichkeiten der einzelnen Meditationen erkennen und erleben. Die CD soll dir als Inspiration dienen, vielleicht einzelne Wörter oder Ruhebilder, die dich beeindrucken, für einen Moment lang sinnend zu betrachten und sie so spielerisch als kleine Ruheecken in deinen Alltag zu integrieren. Es hat sich als sinnvoll erwiesen, nicht mehrere Titel auf der CD hintereinander zu genießen. Reizüberflutung und Konzentrationsnachlass können das Ergebnis sein.

Deine Kreativität ist gefragt

Ich habe zu jeder Meditation eine kurze Erläuterung hinzugefügt. Es sind Erinnerungen und Erfahrungen, die ich im Laufe meiner praktischen Tätigkeit von meinen Patienten und Kursteilnehmern miterleben durfte. Sie haben mir erlaubt, dir bei der Suche nach deinem »verlegten Glücksschlüssel« zu helfen. Wenn du mit deinen Meditationen beginnst, dann tue das so, wie es für dich »stimmt«. Die Anregungen von mir mögen dir eine Hilfe sein, bis du eigene zu dir passende Möglichkeiten entwickelst. Es gibt kein Richtig oder Falsch, kein »so nicht, sondern besser so«. Denn davon haben wir alle sicher genug in unserem Leben erfahren. Meditieren heißt anmutig und geschmeidig sein (oder werden) in deinen inneren Bewegungen. Erblühe wie ein Künstler, stell dir vor, wie er sich fühlt, wenn er zu malen, zu singen, zu tanzen beginnt. Wenn du dir eine Übung ausgesucht hast, kann es Sinn machen, einige Tage bei ihr zu verweilen, bis du sicher und vertraut mit der Übung bist. Dann ist es deine Übung! Übrigens: Du brauchst nicht erst alles an Theorie zu lesen – wenn du Lust hast, fange einfach mit den praktischen Meditationsübungen (siehe Seite 30ff.) an. Wenn Fragen auftauchen, liest du nach.

Natürlich ist es verlockend, alle Meditationen der CD rasch einmal »durchzuprobieren«. Sinnvoll ist es aber nicht: Bleibe möglichst einige Tage bei der gewählten Übung und konzentriere dich ganz darauf.

Gibt es Nachteile und Kontraindikationen?

Natürlich, denn alles, was heilende und stärkende Wirkung hat, kann genauso missbräuchlich eingesetzt werden.

- Meditationen solltest du nicht benutzen, um dich vor deinen Lebensaufgaben zu »drücken », das ist Vermeidung und hat keine heilende Wirkung.
- Benutze Meditationen nicht dazu, Gefühle dauerhaft zu unterdrücken, das hat explosionsartigen Charakter. Hinschauen, Erkennen und Annehmen sind die Zauberwörter.
- Benutzt du Meditationen, um dich selber zu besuchen und dich in dich selbst zurückzuziehen, ist das Erholung pur. Bist du aber sowieso eher introvertiert und scheu, dann solltest du Übungen wählen, die dich öffnen und dein Selbstwertgefühl und die Lust auf deine Mitmenschen fördern.
- Wenn du organisch oder seelisch erkrankt bist, wirst du dich wahrscheinlich in ärztlicher oder therapeutischer Behandlung befinden. Besprich dann den Einsatz des Buches und der CD mit deinem behandelnden Arzt oder Therapeuten, erlebe vielleicht gemeinsam mit deinem Begleiter, was dir gut tut.

Bewährte Hilfsmittel

Es gibt einige bewährte Hilfsmittel, die dir den Einstieg in deine Meditationsübungen erleichtern sollen. Wie der Name schon sagt, können die Hilfen wegfallen, sobald du dich in deinem spirituellen Wachstum sicher fühlst.

Der richtige Ort und Zeitpunkt

Wann ist der richtige Zeitpunkt: Jederzeit! Ich habe anfangs dreimal den Tag mit einer Meditation bereichert. Eine Morgenmeditation kann die Stimmung deines ganzen Tages beeinflussen.
Teile mittags den Tag mit einer geeigneten Meditation, entweder um zu entspannen, dich zu vitalisieren oder die Belastungen des Vormittages abzuschütteln. Wenn du im Arbeitsprozess stehst, ist es ein guter Zeitpunkt, den Übergang zum Feierabend mit einer Meditation einzuläuten. Ein Ritual dafür findest du auf Seite 35. Natürlich darf vor dem Schlafengehen am Abend eine ausgleichende, den Schlaf unterstützende Meditation nicht fehlen.

Tipp: Gut ist es, mit einer leeren Blase zu trainieren, denn auch deine Organe entspannen sich und fühlen sich vom Meditieren angesprochen! Unterbrechungen werden da doch ziemlich lästig...

Dauer einer Meditation

Ich weiß, mit meinen Tipps helfe ich dir nur ein wenig, deinen persönlichen Weg zu finden. Aber Ratschläge sind eben auch oftmals Schläge, selbst ausprobieren zeichnet dich und deinen Weg aus. Die Dauer einer Meditation ist so individuell wie du. Sie kann von einigen Sekunden, z. B. einem ausgedehnten Atemzug, bis zu einer Stunde reichen. Wichtig ist es, keinen Missbrauch zu betreiben, sondern spirituelles Wachstum zu fördern. Anfänger sollten immer zunächst kurze Meditationen wählen, um ihre Konzentration zu bändigen und Erfolgserlebnisse zu garantieren. Je weniger du von einer Meditation erwartest, umso reicher wirst du beschenkt!

Welcher Raum ist geeignet?

Bei meinen nachfolgenden Tipps halten sich alle Meditationsfreaks die Augen und Ohren zu. Jeder Raum ist geeignet! Bei bestimmten Familienkonstellationen (kleine Kinder, Hund, Katze, Maus) kann die eigene Toilette als »stilles Örtchen« wahre Wunder wirken, wenn es um Rückzugsmöglichkeiten geht.
Natürlich ist es stilechter, wenn du deine Meditationsbekleidung anlegst, angenehme Raumtemperatur deinen Körper umschmeichelt und das Licht dazu einlädt, nichts anderes zu tun, als zu

meditieren, wenn die Geräusche sich zurückziehen und dein Meditationssong erklingt, wenn du dein Meditationskissen ausbreitest ... Ich kann diese Liste erweitern, aber vielleicht bist du schon jetzt kribbelig geworden und denkst: »Die Zeit habe ich nicht, und wenn so viel Vorbereitung nötig ist, ist Loslassen und Seelenruhe finden mit Hilfe von Kurzmeditationen nicht der richtige Weg für mich!« Recht hast du! Denn wichtig ist nur:

- Trage bequeme Kleidung, also: Knopf auf, wenn die Hose kneift, dicke Jacke und Socken an, wenn es zu kalt ist.
- Mach die Augen zu, wenn das Licht zu hell ist, bzw. das Licht an, wenn es zu dunkel ist.
- Versuche Geräusche anzunehmen, wenn sie nicht abzustellen sind. Diese Haltung kannst du dir antrainieren. Wenn du dich von absoluter Stille abhängig machst, hast du stets eine Ausrede, nicht mit dem Meditieren anzufangen. Also: Die Einstellung ändern, nach dem Motto: »Ich höre zwar noch dies oder jenes, aber ich kann es nicht ändern, denn im Moment bin ich wichtig und nichts anderes.« Das klappt hundertprozentig, wenn du übst!

Wunderbar, wenn du es dir richtig schön machen kannst für deine Meditationsübungen! Wichtig ist aber auch, nicht abhängig zu sein von bestimmten äußerlichen Bedingungen, damit man immer und überall eine Kurzmeditation einschalten kann.

Die richtige Körperhaltung

Alles ist erlaubt. Liegen, Sitzen, Stehen, Gehen, gerade so, wie es in deinen Alltag passt. Klar – Liegen bedeutet für die meisten Menschen Entspannung, weil sie auf den ersehnten Schlaf oder Erholung hoffen, aber unter Stress bleibt diese Hoffnung oft unerfüllt, weil Körper, Geist und Seele überstrapaziert sind und sich nicht mit einer scheinbar bequemen Körperhaltung zufrieden geben.

Richtig sitzen will gelernt sein. Ich meditiere im Sitzen, weil dann keine Trägheit aufkommt, weil ich nicht schlafen will, sondern in der Stille die Seele einladen möchte zu erklingen, den Geist bitte, Platz zu nehmen und sich auszustrecken, und den Körper zum Loslassen auffordere.

Die Sitztechniken

Alle Sitztechniken zu beschreiben würde ein abendfüllendes Thema. Ich schlage Folgendes vor: Hast du schon eine für dich gesunde Position erlernt, probiere es, eine Meditation einzuflechten. Wenn du ohne Verkrampfung im Schneidersitz auf dem Boden oder Teppich sitzen kannst, ist das eine ausgezeichnete Haltung. Geeignet ist aber auch ein Stuhl mit gerader Rückenlehne. Ein festes Kissen oder eine zusammengerollte Decke unter dem Steißbein helfen dabei, die Wirbelsäule zu strecken.
Wichtig ist, dass du dich nach oben streckst, deine Bandscheiben voneinander löst und die Schultermuskeln frei gibst. Es kann sein, dass du ein wenig Muskelkater bekommst, wenn du eine neue Haltung ausprobierst. Egal! Solange nichts weh tut im Sinne von Verkrampfung, werden neue Muskeln aufgebaut, die dich stützen und dir helfen, dich nach oben zu strecken.

Ein festes Kissen unterstützt eine gerade Sitzhaltung.

In aufrechter Haltung meditieren

Im Stehen zu meditieren ist Geschmackssache! Ich liebe vor allem vitalisierende Kurzmeditationen im Stehen. Du spürst die Kraft der Erde hautnah über deine Fußsohlen, du kannst nach oben streben und die Verbindung zum Universum erspüren.
Wenn wir gesund sind, ist Gehen die häufigste Fortbewegungsart. Es wäre also schade, wenn du diese Tatsache nicht dazu benutzt, diese Bewegungsform mit der einen oder anderen Meditation sinnvoll zu bereichern. Übrigens: Es kann passieren, wenn du im Gehen meditierst, dass du den einen oder anderen Menschen »nur« anlächelst, ohne ihn stakkatomäßig zu grüßen. Oder: Dass du bei gleichem Outfit die Rückmeldung bekommst: »Hast du etwas Schönes erlebt, du wirkst heute so strahlend?«

Tipp: Wenn du Probleme beim Augenschluss hast, wende einmal den so genannten »Eulenblick« an. Dabei öffnest du die Augen nur einen kleinen Spalt und grenzt dein Wahrnehmungsfeld deutlich ein. Der Weg zum Augenschluss ist dann nicht mehr weit.

Der Augenschluss

Die Augen zu schließen ist, neutral gesehen, Wohltat pur. Du erhöhst deinen Blick nach innen, die Augen haben Urlaub, es findet eine Abkehr von äußeren Eindrücken statt, um nur einige

Eine Kerze eignet sich hervorragend für meditatives Betrachten.

Vorteile zu nennen. Aber individuelle Einschnitte in deinem Leben oder bestimmte persönliche Strukturen (ängstlich, depressiv, narzisstisch, zwanghaft) machen dir diesen Zugang nicht möglich, weil du Angst bekommst, dich beobachtest fühlst, glaubst, keine Kontrolle mehr zu haben – egal! Das Motto lautet dann: »Augen auf!« Einige Regeln sind dabei hilfreich. Es hat sich dann bewährt, einen schönen Gegenstand (z.B. Kerze, Blume, Bild) anzuschauen und sich ganz darauf zu konzentrieren. Buddhistische Mönche nennen dieses meditative Betrachten »Kasina«.

Regelmäßigkeit und Konzentration

Wenn du zum Profi einer Sache werden willst, ist regelmäßiges Üben unverzichtbar. Bitte setze Üben nicht mit Arbeit gleich, denn Meditieren zu üben hat als Ziel, Körper, Geist und Seele in Einklang zu bringen. Sport und Bewegung trainieren deine Körpermuskeln. Meditationen trainieren die Muskeln deiner Seele und des Geistes, wie ein schöner Satz besagt: »Die Gesundheit der Seele ist die Seele der Gesundheit.« Also alles, was du in deinem Leben erlernt hast, kannst du deinem regelmäßigen Trainieren zuschreiben. Meditieren wird auch bald dazu gehören!

Wenn du abschalten willst und mit einer Meditation beginnst, kann dir dein Geist einen Strich durch die Rechnung machen und deine Gedanken kreuz und quer durch deinen Kopf jagen. Dein Geist ist immer stärker, du kannst ihn nicht in die Knie zwingen, sondern ihm demütig deine Freundschaft anbieten. Er ist nicht nachtragend, er wird deine Gedanken anhalten, er wird sich, wenn du ihn regelmäßig mit Entspannungsübungen fütterst, zurücklehnen und genießen. Auf diese Weise wird automatisch deine Konzentration verbessert.

Eine Weisheit aus dem Yoga besagt: »Wenn die Gedanken wie Affen im Mangobaum herumspringen - kümmere dich einfach nicht darum, sondern führe deine Achtsamkeit wieder gelassen auf deine anstehende Tätigkeit zurück.«

Die Einleitung der Meditation

Eine Meditation ist wie ein Aufsatz aufgebaut: Es gibt eine Einleitung, einen Hauptteil (die eigentliche Meditation) und einen

Schluss (die Zurücknahme nach einer Meditation). Ich biete dir schillernde und farbenprächtige Meditationen an, aber versuche dich auch ab und zu vor der Einfachheit von Meditationen zu verneigen (siehe hierzu Blitzmeditationen, Seite 53ff.). Bevor du mit den Übungen beginnst, kann es sinnvoll sein, »Basisentladung« zu betreiben, das kann z.B. sein:

- Dreimal schnell die Treppe rauf und runter laufen.
- Fünf Kniebeugen machen.
- Den Titel 9 auf der CD üben: »Konzentriert geht's wie geschmiert«.
- Den ganzen Körper genüsslich in alle möglichen Richtungen dehnen und strecken.
- Wenn dir das alles zu anstrengend ist, kannst du auch mental, also in deiner geistigen Vorstellung, laufen, springen, hüpfen – das klappt ebenfalls.
- Erfinde selber deine »Basisentladung«!

Die Meditation beenden

Ich unterscheide im Folgenden drei Möglichkeiten, eine Meditation zu beenden:

1. Aktive Zurücknahme: Du holst ganz tief Luft, reckst und streckst dich, dehnst dich und gähnst, und öffnest deine Augen. Diese Form ist empfehlenswert nach einer langen Entspannung, um dich auf das Hier und Jetzt einzustellen und deine Körperfunktionen wieder zu aktivieren.
2. Passives Ende: Wenn du nach einer Meditation in den Schlaf gleiten darfst, entfällt natürlich die aktive Form, und du nimmst die Meditation in den Schlaf mit.
3. Gleichschwebendes Ende: Du aktivierst dich so weit, wie es für die anstehende Aufgabe notwendig ist. Du sinnst noch einige Zeit über den Inhalt deiner Meditation nach. Du nimmst ein für dich wichtiges Kernstück aus der entsprechenden Übung und lässt es für ein paar Stunden, vielleicht für einen Tag dein Wegbegleiter sein.

Musik kann beim Meditieren förderlich oder störend sein, sie kann als Hilfsmittel fungieren, aber auch Ablenkung bedeuten. Finde es selber heraus. Mehr über Einstiegshilfen findest du in meinem Buch »Autogenes Training – Ruhe und Kraft im Alltag finden« (Knaur Verlag, München 2003).

Wenn du in vielen deiner Alltagshandlungen »bei dir« bist, kannst du über diese Sensibilität und Kongruenz mit dir die »feinstoffliche Aura« deiner Mitmenschen sehen und spüren. Das ist nicht unbedingt immer leicht auszuhalten, sollte dich aber auf die Dauer mutig machen, in zwischenmenschlichen Begegnungen die »Spreu vom Weizen« zu trennen.

Auswirkungen auf Körper und Seele

Meditieren und Loslassen verändern die Erregungsprozesse im Gehirn positiv. Als messbares Ergebnis kommt es zur Bildung von Alpha-Wellen, die einen entspannten Wachzustand im Gehirn anzeigen und eine Abkehr von äußeren Eindrücken möglich machen. »Profis« erreichen in tiefen Meditationen die Schwingungen von so genannten Theta-Wellen. Bildhafte Vorstellungen und Bewusstseinserweiterung durch ein entspanntes breites inneres Spektrum sind in diesem Zustand möglich.

Ungewohnte Körperempfindungen

Alle Übungen können wohl tuende, aber vielleicht auch für dich zunächst unbekannte Körperreaktionen hervorrufen, wie »wurstige« Finger oder Füße – ein gutes Zeichen für eine verbesserte Durchblutung. Deine Körperausmaße können sich subjektiv verändern, ein für dich vielleicht sehr merkwürdiges Erlebnis. Es ist aber ebenfalls ein gutes Zeichen, dass dein Körper mal das Sagen hat. Überprüfe die unveränderte Realität am Ende der Meditation. Es geschieht, dass deine sonst für dich bedrohlichen Gefühle dir auf einmal »Guten Tag« sagen, und du grüßt bewegt und angerührt zurück. Übrigens: Zwei meiner Kursteilnehmerinnen sind nach jahrelangem Kinderwunsch schwanger geworden. Nachdem sie begonnen hatten loszulassen, wurde ihr Wunsch erfüllt.

Was kann man mit Meditation erreichen?

Einige Antworten deines Körpers, deines Geistes und deiner Seele auf Meditation:

- Dein Blutdruck stabilisiert sich.
- Dein Atem und dein Herz beruhigen sich.
- Dein Muskeltonus reduziert sich, auf diese Weise erfahren auch deine inneren Organe Entspannung und Erholung von Körper, Geist und Seele – Stressabbau pur!
- Deine Konzentration verbessert sich, dadurch bist du leistungsstärker und vitaler bei Arbeit, Sport und Spiel.

Meditieren lernen, so wie ich es verstehe, sollte auch bedeuten, Entscheidungen zu treffen, Rückgrat zu zeigen, »Nein« sagen zu lernen – aber bitte zu deinen Gunsten.

- Durch diese Erweiterung deines Bewusstseins werden deine vielleicht verschüttete Kreativität und dein Selbstbewusstsein wieder frisch aufpoliert.
- Du wirst sanfter im Umgang mit deinen Gefühlen und erfährst als Dank Freude, Liebe, Geduld, Spontaneität – welches Gefühl muss bei dir »blank geputzt« werden, weil es verstaubt ist?
- Dein Denken und Fühlen werden reiner und klarer, durch dieses »innere Aufräumen« hast du weniger Probleme mit dir und deinen Mitmenschen.
- Wenn du Lust hast, kannst du dir bei deinen inneren Ausflügen auch selbstschädigendes Verhalten abgewöhnen, wie z.B. rauchen, spielen, grübeln.
- Dein spiritueller Blickwinkel wird automatisch erweitert. Positive Begleiterscheinung: Das spüren auch deine Mitmenschen.

Tipp! Vielleicht schreibst du an dieser Stelle deine ungesunde »Macke« auf. In einigen Wochen, wenn du im Meditieren sicherer bist, schlägst du noch mal auf dieser Seite nach und beginnst mit der Veränderung.

Die Wellensittichübung

Diese lustige Vorstellungsübung soll dir beweisen, wie stark deine mentale Vorstellungskraft und innere Flexibilität sind. Es funktioniert immer:

- Setze dich irgendwo hin und dreh deinen Kopf so weit es geht nach hinten (nur den Kopf). Fixiere mit deinen Augen den äußersten Punkt (vielleicht ein Muster oder einen Gegenstand) an der Wand, merke dir diesen Punkt genau.
- Bring dich wieder in deine normale Kopfstellung und schließe die Augen. Stell dir einen blauen Wellensittich in einem Käfig vor. Beobachte die Bewegungen seines possierlichen Köpfchens, er pickt unter seinem rechten Flügel, dann unter seinem linken Flügel. Ohne seinen restlichen Körper zu bewegen, dreht er seinen Kopf fast einmal um seine eigene Achse. Beobachte seine ausladenden Kopfdrehungen noch eine Weile.
- Öffne deine Augen und dreh deinen Kopf wieder nach hinten, such deinen vorher fixierten Punkt und schau, was geschieht.

Ja, da staunst du! Dein Blick geht weit über den vorher fixierten Punkt hinaus. Ein Beweis, dass du mit deiner mentalen Vorstellungskraft viel mehr erreichen, manchmal sogar über dein Ziel hinausschießen kannst! Benutze dieses »Beweismittel«, immer dann, wenn dir der Zugang zu deiner kraftvollen mentalen Zentrale einmal abhanden gekommen ist.

Tipp: Du kannst dir immer erst eine Meditation durchlesen und sie anschließend gedanklich ausführen. Bitte dabei nicht am Text kleben, sondern ruhig selber ausschmücken. Du kannst dir auch die ein oder andere Meditation aufnehmen und sie dann abspielen lassen.

Eine Woche voller Überraschungen

Ich stelle meinen Kursteilnehmern und Patienten gerne kleine Aufgaben, sie erleichtern und ebnen den Weg zu einer meditativen Haltung. Spielerisch wird so eine gesunde Selbstdisziplin erworben, die Konzentration wird geschult, und die Neugier wird wach gehalten. Ich möchte dich, lieber Leser, an dieser Stelle für eine Woche kostenlos einladen zu »Einer Woche voller Überraschungen.« Die vielen kleinen Pausen schulen deine Achtsamkeit und Körperwahrnehmung. Du wirst feinfühliger und gelassener im Umgang mit dir selber und automatisch, als kostenlose Beigabe, auch im Kontakt zu deinen Mitmenschen. Stelle jeden Wochentag unter ein anderes Motto. Halte dich in ruhigen, aber vor allem auch in kritischen Momenten an dieses Motto.

Montag: Dankbar sein

Der Montag ist dein Tag der Dankbarkeit. Sei im Tagesverlauf einfach nur dankbar für all die vielen Kleinigkeiten und »Großigkeiten«, die dir dein Tag beschert (dass es dich gibt, deine Familie, deine Begabungen, dein Land, in dem du lebst, deine liebenswerte Art ... – ergänze selbst). Wenn du ungerecht mit Gott und der Welt wirst: Einfach wieder in Demut »Danke« sagen, einfach nur »danke!« Nach und nach kannst du dir mit Hilfe dieser Miniübung eine Lebenseinstellung erarbeiten, die dich unabhängiger von bestimmten Lebenssituationen macht.

Dienstag: Lächeln

Der Dienstag steht unter dem Stern deines Lächelns. Beginne morgens mit zwei oder drei frischen Atemzügen: Einatmen, du spürst deinen energetischen Körper – ausatmen, du zauberst ein kleines Lächeln auf dein Gesicht. Wiederhole stündlich diese Miniübung, bis dein Körper sich daran gewöhnt hat. Dein Geist und deine liebe Seele kennen diese Übung nämlich schon dein ganzes Leben lang. Du wirst erstaunt sein, welche Resonanz diese Übung hat. Versteh mich aber bitte richtig, es geht nicht um

Zurückhaltung um jeden Preis, nicht um ein Zurückziehen der Lippen, vielmehr um eine von innen kommende Ausstrahlung, ein Freipusten von verklebten negativen Blockaden.

Mittwoch: Schulter und Nacken

In der Mitte der Woche gönnst du deinen Schultern viel Aufmerksamkeit. Freu dich über die Beweglichkeit deines Kopfes, zieh die Schultern leicht nach hinten unten, sodass deine Brust beim Einatmen ganz weit werden kann. So oft du Gelegenheit hast: Tief einatmen, dabei die Schultern hochziehen, ausatmen und langsam und genüsslich die Schultern herunter gleiten lassen. Vielleicht lässt du deine Zauberkugel (siehe Seite 31, »Besuch bei den Muskeln«) ab und zu deine Schultern umschmeicheln, oder du machst die Wellensittichübung (siehe Seite 25).

Donnerstag: Lass dein Herz sprechen

Natürlich soll dein Herz nicht nur am Donnerstag entscheiden, aber vielleicht tut es ihm gut, an einem Tag der Woche besonders viel Zuwendung zu bekommen.

Ein Übungsvorschlag: Richte dir am Morgen dein eigenes kuscheliges »Herzzimmer« ein. Wende dazu deinen Blick nach innen und beginn mit der Auswahl der Einrichtung. Vielleicht platzierst du ein Sofa in deiner heutigen Lieblingsfarbe mit schönen flauschigen Kissen und einer warmen Decke in deinem Herzzimmer. Warme einladende Beleuchtung tut dir bestimmt auch gut. Welche Farbe haben deine Wände? Was fehlt dir noch zur Sicherheit, zum Wohlfühlen, zum Herzlichsein? Schau nach, wie weit deine Herztür heute geöffnet ist.

Wenn du noch ungeübt bist in der Hinwendung deiner Konzentration auf ein bestimmtes Organ, stell dir einfach ein Symbol vor, oder noch einfacher, habe eines bei dir, z.B. ein schönes Tuch, einen Talisman in Herzform. Immer wenn dein »Herztag« kommt, natürlich auch zwischendurch, erinnert dich dein »Kasina« an den Tag deines Herzens (jedes Organ ist möglich).

Meditation ist nichts für Menschen, die an krankmachenden Verhaltensmustern festhalten wollen, weil ihnen der alte »Mist« vertrauter ist als neue gesunde Luft. Wie sagt treffend ein bekanntes Sprichwort: »Das Bessere ist der Feind des Guten.«

Freitag: Das Wunder der Atmung

Ein guter morgendlicher Einstieg ist die Atemübung auf Seite 67f. Die Atemzüge zu zählen schult die Konzentration und ist daher für Einsteiger gut geeignet. Den Atem einfach nur beobachten und nicht willentlich eingreifen, das erfordert schon enormes Können und Disziplin. Entscheide einfach im Tagesablauf selbst, welche Form für dich geeignet ist. Lass heute mal deinen lebensbejahenden Atem residieren. Spüre seine vitalisierende Kraft und seine Fähigkeit, dich zu beruhigen, wenn du dich unruhig und unausgeglichen fühlst. Mache dir bewusst: Atmen heißt, ich lebe! Dies ist übrigens gut kompatibel mit Dankbarkeit. Ein gemeinsames Berühren der Einheit von Körper, Geist und Seele bleibt dann garantiert nicht aus.

Samstag: Arme und Beine bewusst wahrnehmen

Meditieren bedeutet unter anderem ein ganz sensibles Gespür für den eigenen Körper zu entwickeln. Das Ergebnis ist eine hohe Verantwortungsübernahme für innerpsychische Prozesse, die sich häufig in körperlichen Symptomen ausdrücken. Spüre heute bewusster als sonst das Zusammenspiel deiner Arme, freue dich über die Selbstlosigkeit deiner Beine, sie tragen dich den ganzen Tag. Ist nicht das Zusammenspiel von Armen und Beinen vergleichbar mit einer wohlklingenden Symphonie? Belohne deine Arme und Beine für ihre Arbeit, vielleicht legst du deine Beine häufiger einmal hoch oder schüttelst sie aus, um sie zu lockern, oder gönnst ihnen ein paar kreisende gymnastische Übungen. Creme deine Arme und Beine einmal mit einer guten Lotion ganz genüsslich ein, geh heute ganz lange barfuss und lass deine Füße Luft holen.

Sonntag: Achtsam sein und genießen

Natürlich sollst du jeden Tag achtsam sein, aber der Sonntag darf vielleicht einmal die Krone tragen, weil du besonders viel Zeit für das Gegenwärtige hast und bewusster als sonst dein Hier und

Jetzt erlebst. Nichtstun, einfach Nichtstun und willkommen heißen, was der Tag dir schenkt. Das hört sich einfach an, ist aber schon wirklich eine Krone der Meditationstechniken.

Bilanz ziehen!

Wenn dir die Woche voller Überraschungen gefallen hat, wird einfach noch eine Woche nachgebucht. Du kannst jetzt auch eigene Tagesthemen wählen oder eine für dich besonders wertvolle oder schwierige Übung eine oder mehrere Wochen praktizieren, bis du Sicherheit hast. Wichtig ist, dass du sofort morgens, am besten noch vor dem Aufstehen ein Leitmotto wählst. Denn erfahrungsgemäß ist der Geist willig und das Fleisch schwach. Erfüllst du schon eine »Disziplin«, und sie trägt zu deiner Gesunderhaltung bei, hast du für diesen Wochentag frei, aber nur, wenn du willst.

Diese Übung ist nicht geeignet für Menschen, die am »Rüstungs-Symptom« festhalten wollen. Denk an die Ritter des Mittelalters: Sie waren in ihren schweren Panzerungen zwar nahezu unverletzlich, aber auch hilflos und unbeweglich in dieser Rüstung gefangen, wenn sie einmal vom Pferd fielen.

Befreiung für deine Arme und Beine

- Lege dich auf den Rücken und schließe die Augen.
- Atme in deine großen Hüftgelenke, dorthin, wo deine Beine mit deinem Unterkörper verbunden sind. Lockere mit jeder Ausatmung deine Sehnen und Bänder in deinen Beinen, wie ein Hampelmann, der strahlt, wenn sich seine Beine ganz locker und ohne Anspruch an seine flexiblen Bänder bewegen dürfen. Gib deine Beinen immer weiter frei. Genieße, wie deine Beingelenke von frischer Luft und neuer Energie durchspült werden; sie freuen sich, dass du Ihnen vertraust, du gibst noch ein wenig mehr Freiraum zum Loslassen.
- Deine Arme haben neugierig zugeschaut und freuen sich auf ihre Belohnung! Atme nach außen, in die äußerste Begrenzung deiner Schultern, da wo sie mit den Armen verbunden sind. Lockere mit jeder Ausatmung deine Sehnen und Bänder in deinen Armen, du weißt ja: wie bei einem Hampelmann, der strahlt, wenn sich seine Arme ganz locker ohne Anspruch an seine flexiblen Bänder bewegen dürfen. Gib deinen Armen immer weiter frei. Prima! Deine Schultergelenke werden durchspült von frischer Luft und neuer Energie; sie freuen sich, dass du Ihnen vertraust.
- Genieße die Erfahrung: Du darfst loslassen und wirst gelassen!

Übungen für Gelassenheit und innere Ruhe

»Stress lass' nach!« ist heute ein alltäglicher Stoßseufzer. Leider hilft dieser Appell nur wenig, denn nicht die äußeren Umstände, sondern wie wir sie wahrnehmen stresst uns. Bewusstes Innehalten führt zurück zur eigenen Mitte und gibt neuen Schwung.

Besuch bei den Muskeln

Die nachfolgende Reise nach innen führt spielerisch zur Tiefenentspannung. Fantasie und Kreativität werden automatisch gefördert. Die Selbstaufmerksamkeit bei seelischen und körperlichen Verspannungen wird erhöht. Lese dir die Reise durch, klebe aber bei der anschließenden Durchführung nicht am Text, sondern mache dich auf eigene Faust auf deine Reise. Das heißt, entwickle deine eigene Zauberkugel und deinen eigenen Zauberstab und lass sie zu deinen Vertrauten werden. Meditiere in deinem Tagesablauf hin und wieder mit diesen zauberhaften Hilfsmitteln und besuche einzelne vielleicht »hilfsbedürftige« Körperteile. Diese »Reise« hat schon vielen, auch Ungeübten, zur dauerhaften Lösung von Verspannungen und zur Selbstheilung bei bestehenden psychosomatischen Beschwerden verholfen.

Ich habe diese Reise auf einer meiner CDs »Progressive Muskelentspannung, ein Hochgenuss für Körper, Geist und Seele« vertont und besprochen (genauere Angaben siehe Literaturverzeichnis auf Seite 80).

Die Reise beginnt

Hast du Lust einen ungewöhnlichen Besuch anzutreten? Möchtest du möglichst viel über den Zustand deiner Muskeln und deren Befindlichkeit herausfinden? Dann lade ich dich ein zu einer inneren Reise hin zu deinen Muskeln. Diese Einkehr nach innen erhöht die Verständigung zwischen dir und deinen Körpermuskeln. Erspüre auf diesem Weg den Einklang zwischen Körper, Geist und Seele. Ein Freudenfest für deine Muskeln! Zunächst ein paar Vorbereitungen:

- Suche Dir eine Ruheecke aus und mache es dir gemütlich.
- Nimm eine bequeme Körperhaltung im Sitzen oder Liegen ein.
- Vertraue dich deiner Umgebung ganz an.
- Schließe deine Augen ganz entspannt und sicher.
- Höre einen Moment lang Deiner Atmung zu. Sinke mit jeder Ausatmung tiefer und tiefer in das Gefühl der Entspannung. Lass los, was schwer ist – einfach nichts tun ...

Dein Körper ist jetzt durchlässig und gut vorbereitet für den Besuch bei deinen Muskeln. Damit Du dahin kommen kannst, stell dir vor, dass du mit Hilfe einer kleinen beweglichen Zauberkugel in das Innere deines Körpers gelangst. In deinem Reisegepäck befindet sich außerdem ein Zauberstab mit Licht, damit du auch im Dunklen alles gut erkennen kannst.

In vielen Märchen findet sich das Motiv, dass der Zauberstab des großen Magiers in fremden Händen völlig unwirksam bleibt. So ist es auch mit deiner Zauberkugel: Erst deine inneren Kräfte machen sie zu einem so wunderbar entspannenden Werkzeug.

Die Wanderung der Zauberkugel …

… durch Arme und Schultern: Lass nun die Zauberkugel durch deinen Mund in den rechten Arm rollen. Entspanne den rechten Arm dabei vollkommen, lass alle Muskeln locker. Erkunde die Muskeln des gesamten rechten Armes, vom Oberarm bis zu den Fingerspitzen ganz genau. Entdeckst du eine Stelle, die noch angespannt aussieht, berühre sie mit dem Zauberstab, und es wird ganz hell, ganz warm, ganz weich. Lass die Zauberkugel weiter rollen, über die Schultern in deinen linken Arm. Überzeuge dich, dass der linke Oberarm entspannt ist, ebenso der Unterarm, die Hand. Der ganze linke Arm ist entspannt und gelöst.
Sei neugierig auf den Zustand deiner Schultermuskeln. Lass die Zauberkugel in Gedanken in deinem Schulterbereich sanft hin und her rollen, ganz sanft hin und her, hin und her. Spüre, wie sich jegliche Anspannung auflöst, wie die Muskeln locker und gelöst sind. Schalte das Licht deiner Zauberlampe einmal ein und genieße die Helligkeit und Wärme, die sich in deinen Schultern ausgebreitet hat. Die Kugel rollt sanft hin und her, hin und her.

… zum Kopf: Stell dir nun vor, deine Kugel rollt weiter zu deinem ständig denkenden Zentrum, dem Kopf. Lass deine Zauberkugel, ganz behutsam und zärtlich deine Stirnmuskeln von innen her glätten. Der Muskelring um dein rechtes Auge entspannt sich, sobald die Zauberkugel beginnt, um dein rechtes Auge herumzurollen. Nun bleibt die Kugel einfach in der Augenmitte stehen, federleicht. Sie verströmt Ruhe, tiefe Ruhe!
Der Muskelring um dein linkes Auge entspannt sich, sobald die Zauberkugel beginnt, um dein linkes Auge herumzurollen. Nun bleibt die Kugel einfach in der Augenmitte stehen, federleicht. Sie verströmt Ruhe, tiefe Ruhe!

Die Zauberkugel liebkost nun deine Wangenmuskeln, du darfst die Wangen ganz einfach loslassen. Nun schlägt die Wunderkugel den Weg zu deiner Nase ein. Spürst du, wie behutsam deine Kugel die Nasenräume weitet? Der Zauberstab säubert durch seine Berührung das ganze Naseninnere. Spürst du, wie dein Atem ganz viel Raum, ganz viel Weite bekommt?
Die Kugel bewegt sich weiter und rollt ganz langsam in deinen Unterkiefer. Hier bewegt sie sich hin und her, hin und her. Dein Zauberstab berührt angespannte Stellen, und die Muskeln dürfen sich ausdehnen und einfach loslassen.
Tiefe Entspannung durchzieht dein Gesicht. Spürst du, wie auch dein Geist der absoluten Entspannung gefolgt ist? Er ruht sich in den entspannten Gesichtsmuskeln einfach aus. Der Zauberstab hatte die Erlaubnis, störende Gedanken einfach zu schrumpften. Alles ist hell, alles ist klar und ruhig.

Viele innere Verspannungen werden dir wahrscheinlich erst bewusst, wenn du die Zauberkugel auf die Wanderung schickst. Den schmerzenden Nacken bemerken wir schnell, der verspannte Unterkiefer und die verkrampften Zehen bleiben dagegen meist unbemerkt.

… durch den Brustraum: Lass die Zauberkugel weiter reisen, durch den Hals in deinen Brustkorb. Hast du bemerkt, wie weich und weit dein Hals geworden ist, als die Zauberkugel hindurch geglitten ist? Im Brustkorb macht es sich die Zauberkugel erst einmal gemütlich und ruht sich aus. Spürst du den ruhigen Duft, den sie bei ihrer Rast in deinem Brustkorb verströmt? Der ruhige Duft breitet sich aus, in alle Winkel des Brustkorbes. Spürst du die wundersame Weite des Ruheduftes bei der Einatmung und die Ausbreitung der Entspannung bei der Ausatmung? Atme tief ein und aus, ein und aus.

… durch den Bauchraum: Die Zauberkugel rollt aus deinem Brustkorb weiter in den Bauchraum. Sie platziert sich genau in deinem Zentrum, in deiner Mitte. Durch den Ruheduft, den die Zauberkugel bei jeder Ausatmung verströmt, fühlen sich alle deine Organe liebkost und durchflutet mit neuer Kraft und neuer Energie. Der Zauberstab löst durch seine magische Berührung jede Verspannung. Dein Bauchraum erscheint in neuem, strahlendem Glanz.

… durch den Rücken: Spürst du, wie dein Rücken schon Sehnsucht bekommt, von deiner Zauberkugel durchflutet zu werden? Deine Zauberkugel folgt dem Ruf deines Rückens gern. Sie rollt gemütlich vom Gesäß langsam hinauf bis zum Nacken. Ganz ruhig und behutsam, sodass der Zauberstab Zeit genug hat, alle angespannten Stellen durch seine Berührung zu lockern und zu erhellen, ganz locker, ganz hell. Oben im Nacken angekommen, beginnt die Zauberkugel langsam zurückzugleiten, auf ihrem Rückweg zieht sie ruhige harmonische Kreise um deine Wirbelsäule bis hinunter zu deinem Gesäß. Spürst du, wie wohl und behaglich sich deine Rückenmuskeln anfühlen? Wie entspannt deine Gesäßmuskulatur ist?

… durch die Beine: Deine Zauberkugel macht sich freudig auf den Weg, deine Beine zu besuchen. Sie rollt zu deinem rechten Bein. Der Zauberstab spürt selbst kleinste Anspannungen auf und löst sie durch einfache sanfte Berührung. Spüre den Oberschenkel, das Knie, den Unterschenkel, den Fuß bis in die Zehenspitzen. Beim Zurückrollen zum Becken hat die Zauberkugel freie Bahn, das ganze rechte Bein ist locker und entspannt. Fühlst du die Entspannung und Weite in deinem rechten Bein?
Die Zauberkugel macht sich gerne auf den Weg zu deinem linken Bein. Sie rollt dein linkes Bein hinunter. Der Zauberstab spürt kleinste Anspannungen auf und löst sie durch einfache, sanfte Berührung. Spüre den Oberschenkel, das Knie, den Unterschenkel, den Fuß bis in die Zehenspitzen.

Tipp: Lass deine Lichtkugel für längere Zeit die gleiche Form, Farbe, Duft und Beschaffenheit haben. So ist dir die Kugel vertraut und gehört dir ganz alleine. Sie taucht dann schnell auf »Knopfdruck« in dir auf.

… wohin du willst: Du hast nun noch Zeit, die Stellen deines Körpers mit Hilfe der Zauberkugel und des Zauberstabes zu besuchen, auf die du neugierig bist oder die dringend deine Hilfe brauchen.
Spüre weit und tief in dich hinein, erkenne auf diese Weise die Sprache deines Körpers und seine Signale. Mit deinen Zaubermitteln kannst du helfen, lösen und entspannen.

Drei meditative Reisen

- «Heilen mit der eigenen Seelenruhe« (CD-Titel 1):
  Diese »Reise« eignet sich hervorragend, um sich entweder auf eine bevorstehende Aufgabe einzustimmen oder nach geleisteter Arbeit das innere Gleichgewicht wieder zu stabilisieren. Schenke dem Wort »Seelenruhe« einen festen Platz in deinem Inneren.
- Ruhebild »Der Wasserfall« (CD-Titel 4):
  Wasser hat auch bei meditativen Ausflügen reinigende Eigenschaften. So können sich der Umgang mit negativ eingestellten Mitmenschen oder Termindruck und Konflikte wie »Schmutz« auf deiner Seele ablegen. Dieses Ruhebild verhilft dir zu neuem, strahlendem Glanz.
- »Waldtempel – Ort der Besinnung« (CD-Titel 6):
  Diese meditative Reise ist wie ein kurzer Urlaub in das Land der Ruhe und Besinnung. Das Ticket hast du immer bei dir. Und noch eine gute Nachricht: Das Ticket ist ewig gültig und verfällt nie!

Der Rückweg

Tritt jetzt aktiv den Rückweg an. Fordere deine Zauberkugel und deinen Zauberstab auf, deinen Körper wieder durch den Mund zu verlassen. Musik darf nun deinen entspannten Körper durchfluten, wenn du während der Reise Musik als Untermalung gewählt hast. Deine Seele wohnt gerne in dir! Dein Geist hat Platz genommen und labt sich an den Klängen der Musik. Die Harmonie von Körper, Geist und Seele ist gelungen - verweile noch ein wenig: Nichts tun, einfach nichts tun.

Es ist ein gutes Gefühl zu wissen, dass Zauberkugel und Zauberstab jederzeit für dich da sind, wann immer du bereit bist, dir Zeit zu nehmen und sie zu rufen.

Musik – die bezaubernde Kraftquelle

Du hast bestimmt schon häufig die magische Wirkung von Musik gespürt und am eigenen Körper erlebt, dass Musik die Sinne »speist«. Bei dieser Erfahrung waren alle beteiligt:

- dein Körper, der sowieso weiß, wie sich Rhythmus anfühlt, und mitgeht, wenn du es zulässt.

Tipp: Nimm dir Zeit und stell dir deine Lieblings-CD zusammen, mische ruhig Klassik mit Rock und Pop, Oper oder einem Song aus deinem Lieblingsmusical. Damit bist du unabhängig von vorgegebenen Radiomusiken, du bist mit deinem Potpourri dein eigener Diskjockey.

- dein Geist, der sich zähmen lässt von den Klängen der Musik.
- deine Seele, obwohl du vielleicht vergessen hast, sie einzuladen; sie ist nicht beleidigt, sondern labt sich gerne an dieser Kraftquelle.

Ein weiterer Beweis, dass diese deine Einheit zusammengehört und nicht nachtragend ist, wenn du sie manchmal durch dein Unwissen oder deine spezielle Lebenssituation isolierst. Deine Einheit von Körper, Geist und Seele liebt dich! Auch wenn du in kritischen und belastenden Situationen ihre Verbindung nicht erleben darfst, ist ihr gemeinsames Band so stark, dass eine irdische Kraft sie nicht zu lösen vermag. Diese Kraft ist exklusiv für dich da, wenn du loslässt und um Vereinigung bittest. Das ist dein einziger Beitrag zur Zusammenführung.

Klänge bewusst einsetzen

Ich stelle dir einige bewährte Möglichkeiten vor, wie du Musik meditativ einsetzen kannst.

Mal ganz verrückt zu tanzen ist gut geeignet, wenn du dich angespannt fühlst und eher verkrampft bist. Vielleicht, weil irgendjemand dir beigebracht hat, dass du dich nur nicht zu viel trauen sollst in deinem Leben?

- Musik als Basisentspannung: Ein Lieblingssong von dir kann nach einem turbulenten Alltag in deiner individuellen Lautstärke genossen werden, bis sich dein Geist beruhigt hat. Wenn du dann entspannt bist und Lust hast, kannst du mit deinem Meditieren beginnen.
- Versuch es einmal mit meditativem Tanzen. Du legst eine traumhafte Musik ein und bewegst dich intuitiv nach deiner Stimmung. Mit geschlossenen Augen erkennt dein Körper besser, was ihm gut tut, und deine Bewegungen sind freizügiger.
- Verrücktes Tanzen: Lege einen rhythmischen Song auf (sei mutig bei der Auswahl) und bewege dich, als ob du die »Discoqueen« oder der »Discoking« auf einem fremden Planeten seiest. Dabei darfst du ruhig ins Schwitzen kommen.
- Wenn du meditierst, kannst du Musik im Hintergrund mitlaufen lassen. Finde heraus, was dir gut tut.
- Du meditierst und genießt am Ende deiner Innenschau einfach noch einige Zeit Musik zum Wohlfühlen.

Meditationsübung: Musik als Kraftquelle

Zur Vorbereitung: Suche dir eine Musik aus, sehr geeignet sind klassische Stücke, die unter die Haut gehen. Mache es dir gemütlich und nimm eine bequeme Körperhaltung ein. Du solltest ohne viel Bewegung den Ein-Schalter deiner Musikanlage betätigen können und die Lautstärke auch vorher passend eingestellt haben (ausnahmsweise einmal ziemlich laut!). Entspanne dich zunächst mit einer dir vertrauten Entspannungsübung.

Im Schwebeflug: Dann lass dich einladen von einer kleinen Himmelswolke, sie will dich tragen und mit dir nach oben schweben, bereite dich auf den himmlischen Flug vor. Du brauchst nichts mitzunehmen, nur dich selber. Ihr steigt höher, immer höher, ganz eingehüllt bist du, herrlich weich und warm. Tiefe Ruhe kehrt ein, du bist tief beeindruckt von der Welt hier oben. Genieße die unendliche Weite und lass dich einfach tragen. Deine Himmelswolke steuert auf ein helles Lichtfeld zu, das beim näherkommen immer größer und heller wird. Das ist kein irdisches, das ist strahlendes kosmisches Licht, und ihr fliegt direkt in die Lichtkugel hinein und bleibt dann einfach in seiner Mitte stehen, federleicht. Du spürst, dass du eins wirst mit der kosmischen Lichtstrahlung, deine Seele dehnt sich aus, dein Geist ist ruhig und genießt, dein Körper saugt mit jedem Atemzug neue Kraft und neue Energie, jede Körperzelle ist angefüllt mit dieser kosmischen Kraft und Energie. Die Einheit von Körper, Geist und Seele ist vollkommen, Nichtstun, einfach Nichtstun! In diesem Zustand der vollkommenen Übereinstimmung mit dir selber, wirst du gleich Musik mit all deinen Sinnen erleben, du wirst sie mit deinem ganzen Körper hören, die Musik berührt und streichelt dich. Sie wird dich ausfüllen und durchfluten bis in die kleinsten Winkel deines Körpers. Stelle nun die Musik an!

Zum Abschluss: Während deine kleine Himmelswolke dich zurück zur Erde bringt, lässt du das Erlebte nachschwingen und bedankst dich bei ihr für diesen himmlischen Flug. Du öffnest deine Augen und nimmst deine Umgebung aufmerksam war.

Wichtig: Dies ist eine sehr intensive Übung; du solltest dir Zeit nehmen, die Übung sauber zu beenden, damit dein Kreislauf sich wieder auf aktiv umstellen kann.

Rituelle Übungen

Den eigenen Wert zu erkennen und sich den Herausforderungen des Lebens zu stellen ist eine Aufgabe, die jeder für sich akzeptieren und umsetzen muss. Die folgenden Meditationen können dir dabei helfen, die Kraftquellen in deinem Inneren zu erschließen und dein Selbstwertgefühl zu stabilisieren.

Ich bin ich

»Ich bin ich und ich bin wertvoll«, das ist ein Leitsatz, den ich häufig mit Patienten erarbeite, die sich selber nicht genügen, die sich in ungesunder Weise mit anderen vergleichen, die sich unattraktiv und als Versager fühlen.
Vielleicht gehörst du, lieber Leser, zu den Menschen, die sich immer zu viel aufbürden und glauben, nicht geliebt zu werden, wenn sie weniger leisten. Oder du hast gelernt, immer den unteren Weg zu gehen und deine Meinung zurückzuhalten. Vielleicht hast du irgendwann auch gelernt: »Wissen ist Macht.« Jetzt versteckst du deine Gefühle hinter dieser Wissensmauer, und dein Wunsch nach emotionalem Kontakt bleibt unbefriedigt. Oder rebellieren, alles in Frage stellen ist deine Antwort auf den Kampf mit dem wilden Tier, das Leben heißt. Vielleicht magst du an dieser Stelle deine eigene Struktur, das Leben zu meistern, einfügen?

Nimm dich selbst an

Ich bin durch meine eigene Erfahrung und durch die Jahrzehnte lange Arbeit mit Patienten und der Offenheit meiner Kursteilnehmer felsenfest davon überzeugt, dass jeder Mensch das Produkt seiner eigenen Entwicklung ist.
»Tolle Weisheit« denkst du, »kenne ich irgendwo her!« Aber was ich auch gelernt habe und jeden Tag neu erfahren darf: Ich muss selbstverantwortlich das Ruder herumreißen, wenn ich Veränderung anstrebe und nicht im krankmachenden Mief ersticken will. Das sind keine meditativen Worte, stimmt! Meditation kann bei gesunden Veränderungen den Kurs ändern, die Entscheidung bestimmst du in deinem Kopf.

Für das »Runtersacken« in deinen Bauch kannst du loslassen und dich ganz auf dich und deinen spirituellen Körper verlassen, denn der liebt dich so, wie du bist.

Eine Meditation zur inneren Freundschaft

Öffne dein Herz, denn du bist in deinem geschützten Raum. Wie sieht dein geschützter Raum aus? Lass dir genug Zeit, ihn zu gestalten. Hier darfst du sein, wie du bist, groß oder klein, dick

Sei ein Musikstück! Versuche dich in allen Tonlagen:
Piano: Erklinge innerlich leise und sanft, wenn dich dein Alltag überschütten will.
Pianissimo: Erzeuge ganz durchsichtige und zarte Schwingungen, wenn du auf deiner Reise zu dir bist.
Forte: Erprobe ein lautes, klares Musikstück, wenn du deine Meinung meist hinter dem Berg hälst.
Fortissimo: Das klingt nur am Anfang vielleicht etwas schrill, wenn du noch ungeübt darin bist, deine Wünsche und Bedürfnisse mitzuteilen.

oder dünn, reich oder arm, schüchtern, ängstlich oder ungeduldig. Keiner will verändern, du bist willkommen! Ist dein Herz noch geöffnet? Schön! Stelle dir vor, du bist ein Baum, du bist fest verbunden mit dem Untergrund. Was für ein Baum bist du? Passt er zu deinem inneren Wesen, oder verlässt du deinen inneren festen Kern, weil du anders sein möchtest? Probiere mehrere Bäume aus, bis du dich für deinen Baum, deine Blätter, deinen Stamm, deine Wurzeln entschieden hast. Du spürst die richtige Wahl, wenn ein sattes friedliches inneres Leuchten in dir entsteht; dann hast du deine innere Wichtigkeit entdeckt und weißt, dass du einzigartig bist auf der Welt!
Du kannst zu diesem Bilderbaum in dir jederzeit zurückkehren, immer wenn du glaubst, deinen inneren Kern verloren zu haben, oder wenn du unzufrieden mit dir haderst. Dein Baum spendet dir Kraft und Ausdauer. Pflege deinen inneren Baum, begieße deine Wurzeln mit deiner Zärtlichkeit. Bewundere ihn ob seiner Einzigartigkeit. Spiele wie seine Blätter im Wind und freue dich! Spüre die Sicherheit und Stabilität, die von dir als Baum ausgeht. Verneige dich vor diesem Großen in deinem Inneren und biete ihm deine Freundschaft an.

Variationen

- **Sei ein Stern,** der am Himmel leuchtet! Oder reserviere einen Stern für einen lieben Menschen. Ich habe allerdings schon zwei Sterne für meine verstorbenen Eltern als Dauerabonnement gebucht. Aber es sind noch viele übrig.
- **Sei eine Blume!** Erkenne, wann du geöffnet bist und erstrahlst und blühst, wann du dich entfaltest. Erkenne, wann du dich schließen musst, weil du Schutz und innere Einkehr brauchst.
- **Sei ein Auto!** Fahre rasant und schnell, reize deine PS aus, wenn es darum geht, dein Selbstbewusstsein in zwischenmenschlichen Begegnungen zu stärken. Überhol dich auch mal, wenn du ein ständiger »Ja- Sager« bist, und lass deinen Adrenalinspiegel dabei so richtig hochfahren. Tritt auf die su-

Ein Fallbeispiel

Ein junger männlicher Patient von etwa 28 Jahren, der wie ein 18-jähriger, emotional und körperlich ausgehungerter Jugendlicher aussah, machte zum ersten Mal eine Meditation zur inneren Freundschaft. Er wählte einen Sportwagen als Meditationsobjekt. Er zerbrach schon in den ersten Minuten an dieser maßlosen Überforderung. Er wurde überholt, verletzte sich, wurde ausgelacht. Alles schmerzhafte Wiederholungen seines zerrissenen Lebens. Er wagte den ersten Gang und visualisierte einen alten zerbeulten Käfer mit vielen Macken und keinem sehr vertrauenserweckenden Motor. Dieses Gefährt und er wurden eins und erzählten sich voller Vertrauen und mit viel Tränen aus ihrem Leben. In weiteren Meditationen entschieden sie sich, es mit dem Leben aufzunehmen und behutsam Reparaturen vorzunehmen. Das Endergebnis nach vier Monaten war ein aufpolierter und an den entscheidenden Stellen reparierter »Käfer«. Das Herz (Motor) ließ sich anrühren, Vorfahrt wurde geachtet (sensiblerer Umgang mit den Mitpatienten), die Verantwortung für Reinigung und Pflege wurde regelmäßig übernommen (tägliches Erneuern des Vertrages, das Leben dankbar anzunehmen und verantwortlich zu sein).

per funktionierenden Bremsen, wenn du immer »Nein« sagst und nörgelst. Mach eine Pause und sei dankbar! Erkenne, wann du parken und wann du auftanken musst. Aber bitte, bevor du leer bist!

- Sei ein Engel! Erkenne und erlebe selber den stressfreien, unbeschwerten Wert dieser himmlischen Vorstellung.
- Sei ein Tier! Eine Mücke, wenn du zu den narzisstischen Menschen gehörst, die Angst haben, an innerer Größe zu verlieren, wenn sie nicht den stolzen Schwan vorspielen. Verkörpere einen Löwen, wenn du dich sonst wie ein Wurm fühlst. Sei ein Adler, und lass dir bei diesem Bild helfen, deine innere Freiheit wieder zu finden, den erhabenen (nicht stolzen) Zustand, über den Dingen zu stehen. Sei ein Elefant im Porzellanladen und hör auf, die Bedürfnisse anderer immer wichtiger zu nehmen als deine eigenen.

Finde eigene Varianten. Erkenne auf diese Weise, dass du so, wie du bist, für dein Leben selber verantwortlich bist, und dass die Kraft in dir wohnt, diese Verantwortung auch zu übernehmen. Ein treffender Leitsatz zu dieser Meditation kann lauten: »Ich lasse los, denn ich bin innen groß.«

Frieden mit deinen Gefühlen

Tipp: Ein passender Leitsatz zu dieser Meditation könnte sein: »Ich nehme meine Gefühle an, weil ich Ihnen vertrauen kann.«

Diese Meditation mit den eigenen Gefühlen kann starke Emotionen auslösen, besonders wenn du in Kontakt mit einem blockierten Gefühl gerätst, wie Neid, Eifersucht, Stolz, Wut. Wenn du unsicher bist, nähere dich zunächst mit offenen Augen dem Gefühl, das dich interessiert, dir aber vielleicht Unbehagen bereitet.

Die Wanderung beginnt

Geh über deine Zauberwiese, so wie du sie dir vorstellst. Beobachte deine lebensspendende Atemenergie: einfach nur einatmen und ausatmen, einatmen und ausatmen. Du brauchst dich um nichts zu kümmern, du weißt ja, dein Atem macht alles ganz allein, wenn du ihn lässt.

Du entdeckst auf deiner Wiese etwas Neues, es ist groß, irgendwie vertraut, aber verschlossen. Lasse deine eigene Fantasie dieses Neue, dieses Große, dieses irgendwie Vertraute, aber Verschlossene Bekanntschaft machen mit deiner Seele. »Alle deine Gefühle sind willkommen«, steht auf deinem Gebilde. »Eintritt ins Kino deiner Gefühle frei.« Ist es ein Zimmer? Ist es ein Haus? Ist es eine Höhle? Lass dir Zeit und bestimme seine Form und seine Farbe. Vielleicht gibt es einen Namen? Öffne mit deinem Herzen den Eingang, die Eintrittskarte in deinen Raum. Neugierig und mit Respekt betrittst du deinen Raum.

Du schaust dich um und machst dich vorsichtig vertraut, gehst immer tiefer ins Innere hinein. Sanftes, warmes Licht wirft seine Strahlen voraus. Du bist im Kern angekommen. Nichts was dich ablenkt, nur eine Bank, die zum Verweilen einlädt. Du nimmst die Einladung an und setzt dich hin. Frei und leicht geht dein Atem, ganz entspannt und ruhig bist du, weit und offen.

»Eintritt ins Kino deiner Gefühle«, erscheint auf einer Wand in großen Lettern. Die Wand schiebt sich wie von Zauberhand zur Seite, und du erblickst Figuren, die mit hellen Tüchern verhüllt sind. Sie rühren dich irgendwie an, obwohl du ihre Gesichter nicht erkennen kannst. Du wartest ab, was geschieht.

Begegnung mit dem Gefühl …

… der Liebe: Eine Figur löst sich von den anderen und kommt auf dich zu. Ihr steht euch dicht gegenüber, und sie sagt: »Ich heiße Liebe, und ich bin dein enger Vertrauter.« Sie enthüllt ihr Gesicht, und du erkennst »Liebe« und freust dich, dass sie sich dir offenbart. Liebe sagt: »Ich erfülle wichtige Aufgaben, ich öffne dein Herz, damit du Erfüllung erlebst, ich spinne das Band der Freundschaft von dir selbst zu anderen.« Du reichst Liebe deine Hand und begrüßt sie als deinen engen Vertrauten.

… der Angst: Die nächste Figur löst sich und kommt zu dir. Ihr steht euch dicht gegenüber, sie sagt: »Ich bin Angst, ich bin dein enger Vertrauter.« Angst enthüllt ihr Gesicht, du erkennst Angst und freust dich, dass sie sich dir offenbart. Angst sagt: »Ich habe viele wichtige Funktionen, ich schütze dich vor Gefahren, ich begleite dich in deiner Not, ich wünsche mir, dass du mich annimmst.« Du reichst Angst deine Hand und begrüßt sie als deine enge Vertraute.

Oft kapseln wir unsere Gefühle nicht nur vor anderen, sondern auch vor uns selbst ab. Diese Meditation kann helfen, wieder Zugang zu deinen Emotionen zu finden oder eine verworrene Gefühlslage zu klären.

… der Trauer: Die nächste Figur löst sich und kommt zu dir. Ihr steht euch dicht gegenüber, sie sagt: »Ich bin Trauer, ich bin dein enger Vertrauter.« Trauer enthüllt ihr Gesicht, und du erkennst Trauer und freust dich, dass sie sich dir offenbart. Trauer sagt: »Ich habe wichtige Funktionen, ich begleite dich beim Abschied, wenn du mich willkommen heißt, darf Neues entstehen.« Du reichst Trauer deine Hand und begrüßt sie als enge Vertraute.

… das dir wichtig ist: Die letzte Gestalt kommt auf dich zu, ihr steht euch gegenüber. Wie heißt die Gestalt? Gib ihr einen Namen. Sie sagt: »Ich bin…., ich bin dein enger Vertrauter.« Die Figur enthüllt ihr Gesicht, und du erkennst sie und freust dich, dass sie sich dir offenbart. Sie sagt: »Ich habe viele wichtige Funktionen, ich …« Du reichst ihr deine Hand und begrüßt sie als deine enge Vertraute.

Du stehst in deinem Raum umringt von deinen vertrauten entschleierten Gefühlen. Ihr lächelt euch an. In voller Klarheit und Größe nimmst du deine Gefühle in dir auf. Du saugst ihre geistige spirituelle Größe in dir auf. Durch diese Vereinigung wachsen Kraft und Zuversicht in dir. Du fühlst dich sicher und kraftvoll, deine inneren Begleiter sind da, wenn du sie brauchst.

Ein Fallbeispiel

Ich erinnere mich an einen Patienten, der das Gefühl der Freude blockiert hatte. Seine Lebensgeschichte hatte ihn zur Aufgabe dieses lebensbejahenden Gefühls veranlasst. Die Kontaktaufnahme mit »Freude« hatte einen massiven Wutausbruch zur Folge, mit dem Ziel, »Freude« zu zerstören. Der geballten Wut folgten Erschöpfung und Ruhe. Seine Gestalt »Freude« durfte sich in dieser Friedenphase in gebührendem Abstand aufhalten und erste Bande knüpfen. Herzzerreißendes Weinen war die Begrüßung zum Öffnen der blockierten Lebensfreude.

Der Zauberlehrling

Du wirst hautnah erleben, dass sich dein Selbstbewusstsein stärkt; deine individuellen Fähigkeiten kommen an die Oberfläche. Diese Zauberlehrlingsstunde gibt dir Gewissheit, dass du geliebt wirst von Gott – und einen, nämlich deinen festen Platz im Universum hast!

Gefühle helfen dir, das Leben zu zähmen und zu meistern. Zusammen seid ihr stark. Mit dieser Sicherheit nimmst du wieder Kontakt mit deiner Umwelt auf, öffnest dich nach außen, bist behütet und beschützt in deinem Inneren.

Der Eintritt ins Zauberreich

Ja, du kannst zaubern. Zaubere dich auf deine Zauberwiese. Am Eingang löst du deine Eintrittskarte. Das ist der magische Knopf, den du berühren musst, und du darfst eintreten. Feen und Elfen helfen dir aus deiner Alltagskleidung, sie haben deine Festtagskleidung bereitgelegt, du streifst sie über. Du gehst weiter und spürst, wie sich alle deine Sinne öffnen. Du riechst den Duft der Blumen, du saugst mit deinen Augen die betörende Vielfalt an Farben auf. Bezaubernde Klänge und Melodien dringen in dein

Ohr und umschmeicheln dich. Eine wunderschöne Fee lädt dich ein, aus der heiligen Quelle zu trinken und dich zu erfrischen. Das saubere, kühle Nass durchströmt deinen Körper, erfrischt und gestärkt gehst du weiter. Stille und Harmonie scheinen über allem wie ein Seidentuch zu schweben.

Du findest ein Juwel

Du schaust dich um auf der Zauberwiese, alles ist dir vertraut, du darfst so sein, wie du bist. Alle Wesen auf der Zauberwiese lieben dich so wie du bist, alle wollen dich so haben, wie du bist. Du spürst tief in dir drin, dass alles im Fluss ist, dass du dich selber so lieb hast, wie du bist, mit allen Schwächen und Stärken, eben ganz so, wie du bist. »Pflücke dir eine Blume, die dir gefällt, und sieh, was geschieht«, haucht die kleine Fee. Du entscheidest dich für deine heutige Lieblingsblume. Du nimmst die Blumenblüte schützend in beide Hände, und augenblicklich beginnt die Blüte sich zu öffnen und zu strahlen, zu strahlen wie helles kosmisches Licht. Oh wie wunderschön!

Am hellsten Punkt erstarrt die Blüte und verwandelt sich in deiner Hand zu einem unvergänglichen Glücksbringer. Behalte ihn gut in deinem Herzen. Denn dein Juwel verkörpert all deine guten Eigenschaften, es passt nur zu dir, so wie du bist. Diese Gewissheit lässt auch dich strahlen und glücklich sein, strahlen und glücklich sein ...

Was du mit nach Hause nimmst

Mit dieser Sicherheit gehst du von deinen zauberhaften Wesen sicher begleitet langsam zum Ausgang deiner Zauberwiese zurück. Du spürst, dass du strahlst, von innen nach außen. Deine Ausstrahlung fühlst du an deinem federnden Gang, an deiner unbekümmerten aufrechten Haltung und an deinem bezaubernden Lächeln. Am Ausgang angekommen, verschließt du für heute mit dem magischen Knopf deine Zauberlehrlingsstunde, aber nur für heute, damit du deine neuen Fähigkeiten auch anwenden kannst.

Je mehr Zauberlehrlingsstunden du für dich buchst, desto sicherer erkennst du deine liebe Art, desto selbstverständlicher bist du im Umgang mit deinen inneren Gefühlen. Zauberlehrlingsstunden gibt es fast gratis – bezahlen musst du nur bei innerer Abwehr, dann ist der Preis hoch: Verspannungen, Selbstzweifel, Abbau von Selbstwertgefühlen.

Du kannst frei visualisieren, wie dein Zaubersee ausschaut, wie groß, wie tief, welche Farbe und welche Temperatur er hat. Ich selbst meditiere immer auf meiner visuellen durchsichtigen Luftmatratze im Zaubersee. Nimm deine Meditationshaltung ein und lass dich berühren.

Der Zaubersee

Das visuelle Schwimmen im See ist meine Meditation, wenn sich meine Seele schützend vor mir zurückgezogen hat, weil ich mich zu viel um rationale Dinge gekümmert habe. Die Begegnung und den Einklang mit meinem beruhigten Geist und meiner mit neuer Sicherheit gestärkten Seele empfinde ich wie ein selbstloses Geschenk.

Schwerelos treiben

Du siehst einen zauberhaften See, es ist dein Zaubersee. Welche Farbe hat das Wasser? Wie tief ist es? Du schwimmst im Zaubersee, jeder kann schwimmen im Zaubersee. Zauberhafte Wesen versprühen Verführerisches und Wohlriechendes, dein Geist wird ganz klar und weit davon. Nimm mit jedem Atemzug die Stärkung und deine klare Bewusstheit wahr. Lass dich treiben. »Lass los, denn du bist innen drin ganz groß!«, hauchen die vertrauten Zauberwesen dir zu, »Lass los, denn du bist innen groß!« Es ist, als ob du im Zaubersee in das tiefe Innere deiner lieben Seele blicken darfst, nutze diese Gelegenheit und stärke Seele und Geist. Spüre die Leichtigkeit des Seins durch die Schwerelosigkeit im Zaubersee. Klar und gestärkt steigst du aus dem Wasser. Klarheit ist in dir, Kraft und Vertrauen. Gesäubert und rein ist dein Bewusstsein geöffnet, wo immer deine Seele sitzt, du bist ihr ganz nahe. Einatmen und ausatmen, mehr brauchst du nicht zu tun, ein- und ausatmen, dass ist schon genug.

Sieben heilende Punkte

Jetzt geht es um das Kennenlernen und Wertschätzen der sieben Energiezentren, der so genannten Chakren. Diese Energiezentren ordnen sich entlang deiner Wirbelsäule an. Menschen, die sich mit dieser Form von Meditation und Energieerzeugung beschäftigen, erleben, dass das Öffnen, oder Offenhalten dieser Energiepunkte die spirituelle Entwicklung fördert.

Das Wurzel-Chakra

Das erste Chakra ist der Auftakt, es liegt am unteren Teil der Wirbelsäule, bei deinem Steißbein. Dies ist der Sitz des Grund- und Wurzelchakras, mit ihm wird Sicherheit und Stabilität visualisiert. Dieses Chakra ist auch zuständig, um Energien aus deinem Körper abzuleiten. Es versorgt auch deine Beine mit Energie. Möglicher Leitsatz: »Ich bin sicher, gelassen und frei.«

Ich benutze die Kontaktaufnahme mit dem Wurzelchakra morgens, um den Tag mit allem, was er mir zur Verfügung stellt, willkommen zu heißen, und um mich zu »erden«, Stabilität nach unten aufzubauen.

Das Sakral- oder Sexual-Chakra

Das zweites Chakra hat seinen Sitz unterhalb deines Bauchnabels, tief in dir drin. Mit dem Öffnen dieses Chakras wird deine Kreativität und Sexualität frei fließen und Energieblockaden aufgelöst. Möglicher Leitsatz: »Ich liebe mein Leben.« Oder »Ich kenne meinen Wert, und lebe unbeschwert.«

Das Nabel-Chakra

Das dritte Chakra liegt in der Nähe des Solarplexus, dem Ziel auch vieler anderer Entspannungstechniken. So wird der größte Nervenknoten des Bauchraumes bezeichnet. Das Chakra liegt etwa in der Mitte zwischen Nabel und unterem Teil des Brustbeines. Ist dieser Energiezweig geschlossen, bedeutet das häufig ein mangelndes Vertrauen in deine eigenen Fähigkeiten und damit verbunden ein Hineinfressen an Emotionen in diesem Bereich, besonders Gefühle von Ärger und Wut. Psychosomatische Beschwerden wie Magen- und Darmprobleme, Verkrampfungen, Gallenschmerzen sind nicht selten das Ergebnis. Möglicher Leitsatz: »Ich weiß, was ich will, und ich will, was ich weiß:«

Das dritte Chakra offen zu halten oder zu öffnen bedeutet häufig, Ärger und Wut zuzulassen und die eigene Verletzlichkeit anzuerkennen. Damit ist die Stärkung von Selbstvertrauen und Selbstachtung eng verbunden, was wiederum einen gesunden Umgang mit der Außenwelt und ihren Anforderungen ermöglicht.

Das Herz-Chakra

Das Herz-Chakra liegt natürlich in der Nähe deines liebenden Herzens. Lieben und Liebe empfangen, mehr will das Herzchakra gar nicht, dann ist es glücklich und hat Frieden mit Gott und deiner Welt. Mit dem Herzchakra ist deine Thymusdrüse eng befreundet. Ist dieses Chakra geschlossen, bist du unfähig, Liebe

Die Thymusdrüse liegt hinter dem oberen Brustbein, sie ist der Sitz für Lebensenergie. Der Stressforscher H. Seyle hat herausgefunden, dass sich die Thymusdrüse unter negativem Stress (Distress) zurückbildet.

zu geben und sie zu empfangen. Es zu öffnen bedeutet Eintritt in die Welt der Begegnung. Du findest Frieden und Einklang mit dir. Der Rest ist eine selbstverständliche, liebende Beigabe deines Herzens. Wenn du dich selber lieb hast, gibt es keinen Grund mehr, diese Wertschätzung nicht auch mit anderen zu teilen und zu genießen. Möglicher Leitsatz: »Ich bin geborgen, ich habe und behalte Frieden.«

Das Kehlkopf- oder Hals-Chakra

Es liegt in der Mitte deiner Kehle. Wenn dein Kehlkopf-Chakra geschlossen ist, fehlt dir häufig im wahrsten Sinne des Wortes die gesunde Luft zum Atmen, fehlt dir das Vertrauen, dich mit deinen Sorgen und Ängsten mitzuteilen. Wenn du dieses Chakra öffnest, erfährst du Weite in deinem Halsbereich. Oft ist hier auch der Sitz von Beklemmungen. Es lohnt sich, dieses Chakra offen zu halten. Möglicher Leitsatz: »Mit Mut und Zuversicht bleib ich im Gleichgewicht.«

Das Stirn-Chakra

Es liegt in der Mitte deiner Stirn und wird auch als Sitz des »magischen dritten Auges« bezeichnet. Ist dieses Chakra geschlossen, kann dir der Überblick fehlen; du hast vielleicht eine schlechte Meinung über dich. Das Öffnen des Stirn-Chakras bedeutet Handlungsspielraum, Größe und spirituelles Wachstum. Möglicher Leitsatz: »Klarheit und Einsicht wachsen.«

Das Kronenchakra ist etwas ganz Besonders: Wenn du dich deiner »Krone« in Demut annäherst und es erreichst, sie irgendwann zu öffnen, darfst du spirituelles Erwachen erleben.

Das Kronen-Chakra

Das Kronen-Chakra liegt auf deinem Kopf, und zwar genau auf der höchsten Erhebung deines Kopfes (in der Mitte deines Scheitels). Von Mystikern wird das Öffnen des Kronen-Chakras als Erlösung, Erleuchtung und Befreiung erlebt und beschrieben. Da wir aber nicht, wie du ja schon weißt, im Himalaja auf einem hohen Berg sitzen und die Öffnung dieses wertvollen Chakras beschützen können, reicht es aus, im Hier und Jetzt mit kleinen

Meditationen hingebungsvoll zu spüren, wie sich dieses Chakra angesprochen fühlt und als Dank seine Öffnung anbietet. Genau wie im Wurzelchakra Ungesundes nach unten abgeleitet wird, kannst du im Kronen-Chakra negative Energie nach oben ableiten. Mögliche Eintrittskarte: »Ich bin in Bewegung (Fluss)«

Das Öffnen der Chakren

Die Übung die ich dir anbiete, ist nur eine bescheidene Möglichkeit, mit deinen Lichtchakren in Kontakt zu kommen und sie zu bitten, deine professionellen Begleiter zu sein.
Ich bevorzuge die »Überprüfung« der Energiezentren in aufrechter Sitzhaltung. Wenn du Zugang zu den Übungen bekommst und dir ihre heilende Wirkung gefällt, solltest du diese Kontaktaufnahme regelmäßig pflegen. Das heißt, du solltest dich als Einsteiger immer nur mit einem Chakra beschäftigen. Später kannst du es mit zwei oder auch mal drei bis vier Chakren versuchen. Das Hineinatmen in die Chakren ist ein bewährter Schlüssel, um den Eingang zu öffnen.

Diese allumfassende Übung, die deinen Körper, deinen Geist und deine Seele erreichen wird, kannst du beliebig aufteilen. Irgendwann wanderst du genüsslich und sicher von unten nach oben und erkennst deine inneren Lichträder in deinen Räumen, weil sie dir gehören. Auf hellseherischem Weg erkennst du dann, welches Chakra dringend deine Hilfe benötigt und sich nach Öffnung sehnt.

Das erste Chakra zur Öffnung vorbereiten

Visualisiere den Bereich an der Basis deiner Wirbelsäule, in der Nähe des Steißbeines. Stelle dir vor, du schaust von oben auf diesen sensiblen Bereich. Vielleicht erkennst du, wie sich im Uhrzeigersinn langsam Kreise bilden, die immer größer und farbenfroher werden? Vielleicht spürst du die Weite und Lebensenergie deiner Wurzel? Gib positive Strahlung an deine Beine weiter, bis tief in deine Zehenspitzen. Unterstütze das Öffnen des Wurzelchakras mit den Worten: »Ich bin sicher, gelassen und frei« (ca. dreimal). Spüre, wie dein Atem dir hilft, diesen Bereich zu öffnen, ohne dass du um Unterstützung gebeten hast. Mit der Einatmung saugst du Lebensenergie aus der Mutter Erde auf, mit der Ausatmung stärkst du deine Wurzeln. »Ich bin sicher, gelassen und frei« (ca. dreimal).

Das zweite Chakra zur Öffnung vorbereiten

Sende deinen inneren Blick auf die Stelle unterhalb deines Bauchnabels und spüre tief in dich hinein. Erkennst du dein Lichtrad, wie es sich ganz selbstverständlich dreht? Einatmen ausdehnen, ausatmen Energie senden, verströmen und speichern. Einatmen ausdehnen, ausatmen Energie senden, verströmen und speichern. »Ich liebe mein Leben!« (ca. dreimal).

Das dritte Chakra zur Öffnung vorbereiten

Visualisiere den Bereich unterhalb deines Brustbeines (Solarplexus) und spüre weit und tief in diesen Bereich hinein. Auch hier dreht sich das Lichtrad und verströmt Helligkeit und Klarheit. Benutze wieder die heilende Kraft deiner Atmung, um diesem Chakra ewige Freundschaft anzubieten, damit es dir hilft zu vertrauen. »Ich traue mir, ich traue mir, ich vertraue mir!«

Das vierte Chakra zur Öffnung vorbereiten

Sende einen lieben Gedanken an dein Herz, vielleicht eine Einladungskarte zum Glücklichsein oder ein großes Dankeschön für seine unermüdliche Begleitung, auch in schwierigen Lebens-

Chakren sind farbig

Gib jedem deiner Chakren eine Farbe und visualisiere mit den Farben. In der Chakralehre wird jedem Chakra eine bestimmte feste Farbe vorgegeben. Ich lasse meine Kursteilnehmer durch ihre Intuition entscheiden, welche Farbe sie welchem Chakra zuordnen möchten.

1. Wurzel-Chakra: Grün, wie eine saftige Frühlingswiese.
2. Sexual-Chakra: Blau, wie ein klarer See.
3. Nabel-Chakra: Gelb, wie das Sonnenlicht.
4. Herz-Chakra: Rot, wie die Liebe.
5. Hals-Chakra: zart Orange, wie ein wehendes Halstuch
6. Stirn-Chakra: Rubinrot, wie der Edelstein.
7. Kronen-Chakra: Weiß, wie ein Schutzengel.

momenten. Sei behutsam und geduldig, dann wirst du eine Antwort von deinem Herzen bekommen. Lass deinen Atem durch dein Herz fluten. Vielleicht spielen dein Herz und dein Atem eine Weile ein ruhiges Spiel miteinander, und du schaust deinen beiden »Freunden fürs Leben« dabei friedvoll zu. »Ich liebe und atme in Dankbarkeit« (ca. dreimal).

Das fünfte Chakra zur Öffnung vorbereiten

Visualisiere deinen Hals, deinen Kehlkopf und alles unmittelbar um diesen Bereich herum. Erkennst du dein Lichtrad mit seinen bezaubernden Kreisen aus Energie? Das Lichtrad bekommt Unterstützung von deiner Atmung. Mit jeder Einatmung kommt ein neuer Lichtkreis dazu, weitet dein Kehlkopf-Chakra und öffnet es: »Ausdehnen, ganz weit und gesund« (ca. dreimal).

Das sechste Chakra zur Öffnung vorbereiten

Lege einen kleinen blanken Kieselstein auf deine Stirnmitte. Spüre seine kühlende Klarheit und Frische. Nimm die Klarheit und Frische in dir auf und schau, wie dein Stirn-Chakra sich langsam und sicher öffnet, entzückt von deinem liebevollen Einfall, »Hallo« zu sagen. »Mein Kopf ist frei und unbeschwert« (ca. dreimal) oder/und »Klarheit und Einsicht wachsen«.

Das siebte Chakra zur Öffnung vorbereiten

Massiere deine gesamte Kopfhaut mit deinen Fingern (entweder tatsächlich oder mental) eine Weile und meditiere dabei über das Öffnen des Kronen-Chakras. Lass nun deine Hände sich ausruhen und fokussiere den Punkt in der Mitte deines Kopfscheitels. Schau, was geschieht, wenn du genau in diesen Bereich hinaufstrebst. Kannst du, wenn du einatmest, gesunde, feinstoffliche Energie in dich hineinfließen spüren? Kannst du mit dem Strom deiner Ausatmung Ungesundes nach oben abgeben, sodass es sich auflöst und zerfällt? Warte in Demut diesen Prozess ab. »Ich bin in Bewegung und erbitte Hilfe« (ca. dreimal).

Wenn meine Patienten ihre Therapie beendet haben, schenke ich ihnen manchmal ein Abschiedsritual. Dabei ist meine letzte Handlung immer das Öffnen des Stirnchakras. Ich erkläre diese Berührung nur auf Nachfrage (die kommt selten), die Wirkung ist mitunter frappant.

Kleine Frischekuren für den Alltag

Wie du jetzt schon weißt, können Meditationen sehr vielgestaltig sein. Wunderbar, wenn du eine Stunde für die ruhige Einkehr zu dir selbst reservieren kannst. Genauso wichtig sind aber auch kurze Meditationen, die dir eine Atempause im hektischen Alltag verschaffen.

Vitalisierende Blitzmeditationen

Wie der Name schon verrät, kannst du mit diesen Miniübungen viel Spaß haben. Du kannst sie an jedem Ort und zu jeder Zeit als »Vitaminspritze« einsetzen, um wieder wach zu sein oder zum Aufatmen zwischendurch, wenn dein Bewusstsein zu verstummen droht.

Atempausen im Alltag

- Ganz schnell neue Kräfte tanken kannst du, wenn du kurz die Zeit anhältst und einen Besinnungsmoment einschaltest.
- Bleibe nach deinem morgendlichen Duschbad einfach zehn Sekunden mit geschlossenen Augen und lockeren Schultern stehen. Sage zu dir selbst: »Ich bin jung und voller Schwung« (dreimal), oder schau in Ruhe eine Weile dem abfließenden Wasser zu.
- Mach einen tiefen Atemzug, halte an der höchsten Stelle die Luft kurz an, dann atme aus und lass alle verbrauchte Luft aus dir heraus. Ein richtig lauter Stoßseufzer, mit Betonung auf der Ausatmung, hat heilende Wirkung, der Geist darf sich dabei auch strecken.
- Spüre in die Mitte deines Körpers, kurz unter deinem Bauchnabel. Stell dir dort einen ruhigen See vor. Du wirfst eine Zaubermünze in den See und beobachtest die ruhigen wellenförmigen Kreise, die entstehen.
- Aktiviere deine Thymusdrüse. Sie sitzt hinter dem oberen Brustbeindrittel. Klopfe mit den Fingerkuppen einer Hand einige Male kräftig auf diese Stelle; dadurch setzt du Lebensenergie frei und stärkst dein Immunsystem. Denke am Tag häufiger mal an diese leichte, stimulierende Übung.
- Führe wenigstens zehnmal am Tag irgendeine deiner Bewegungen oder Handlungsschritte in meditativer Stimmung durch: das Waschen oder Eincremen deiner Hände, das Kochen einer Suppe, das Hinauf- oder Hinabschreiten einer Treppe. Beobachte einen lieben Menschen etwas länger als üblich.

Die Formel »Ich bin jung und voller Schwung« gilt auch, wenn du an Jahren alt bist, denn es ist dein innerliches Alter angesprochen. Und das hat überhaupt nichts damit zu tun, wie viele Geburtstage du schon gefeiert hast!

Kinderreime beruhigen auch Große

Lerne ein kleines Kindergedicht oder Kinderlied auswendig. Wenn dich dein Erwachsenenalltag zu überfluten droht, sag es einfach leise oder laut auf. Das wirkt Wunder! Beispiele:

»ABC, die Katze lief im Schnee,
und als sie dann nach Hause kam,
da hat sie weiße Stiefel an.
ABC, die Katze lief im Schnee.«

»Es war einmal ein Mann,
der hieß Bimbam.
Bimbam hieß er,
und Trompete blies er.«

»Heile heile Gänschen,
das Kätzchen hat ein Schwänzchen.
Heile heile Mäusespeck,
morgen ist alles weg.«

Die »Maske« abziehen

Wenn uns der Alltag »aufzufressen« droht, zeigt sich das auch in unseren verspannten Gesichtszügen. Das hilft: Fasse mit einer Hand dein Kinn, mit der anderen deine Stirn. Jetzt zieh kräftig deine Gesichtshaut auseinander, halte diese Spannung einen Moment wie ein zu fest gezogenes Gummiband und gib dann wieder nach. Nun umfassen deine Hände dein Gesicht seitlich an den Schläfen und Ohren, wieder Spannung aufbauen und ziehen, dann nachgeben. So kannst du einmal dein gesamtes Gesicht »durcharbeiten«. Danach einen Moment verharren und die neu aufgebaute Energie im Gesicht spüren. Übrigens kannst du genauso deinen Nacken, deinen Brustkorb oder deine Füße behandeln.

Wenn's ganz schnell gehen soll

Die kleine Liste soll dir Anregungen geben, füge eigene Beobachtungen und Übungen hinzu:

- Du stehst vor einer roten Ampel. Du nutzt die kleine Pause und drückst ganz genüsslich deine Lendenwirbelsäule gegen den Sitz, zählst bis drei und entspannst wieder; wenn du Zeit hast, wiederhole.
- Schließe für einen Moment deine Augen. Spüre die erfrischende Kühle deiner Tränenflüssigkeit zwischen Augapfel und Augenlid.
- Falte die Hände wie zum Gebet und schau auf sie. Spüre die pulsierende Energie in deinen Händen.
- Stärke dein Immunsystem durch Lachen, denn herzhaftes Lachen ist gesund.
- Lass dein Telefon oder die Hausglocke zweimal länger klingeln als gewöhnlich und verharre.
- Iss ein Stück Obst oder trink ein Getränk ganz bewusst, so als ob es dein erstes Stück Obst oder das erste Getränk ist, das du zu dir nimmst in deinem Leben.
- Wenn dein Computer hochfährt, tu nichts anderes und warte.
- »Schutzschicht für den Tag« (CD-Titel 7): Nutze diese Kurzmeditation, wenn du dich sensibilisieren willst für das Wesentliche in deinem Alltag. Deine Kraft- und Energiereserven werden wieder aufgefüllt.

Tipp: Schenk in den dunklen Monaten des Jahres deiner Zirbeldrüse (Epiphyse) so viel Licht, wie es geht. Versuch es auch mit der Lichtmeditation auf Seite 68.

Bewährte Meditations-Oldies

Ich stelle dir in diesem Abschnitt bewährte und beliebte Meditationsobjekte vor. Sei erfinderisch und ergänze aus deinem Alltag heraus diese kleine Liste; du brauchst nur achtsam zu sein, und die Liste wird ellenlang.

Meditation über ein Objekt

- Blume: Visualisiere das langsame Öffnen einer Blumenblüte, verbinde damit deine eigene Entfaltung.
- Himmel: Schau in die Ferne, fixiere den Punkt, der am weitesten von dir entfernt ist, und meditiere. Oder beobachte die Wol-

Wasser erzeugt beruhigende Naturlaute, für die fast jeder Mensch empfänglich ist. Ein Zimmerbrunnen holt das leise Plätschern eines Baches ins Haus und ist auch als Meditationsobjekt gut geeignet.

ken am Himmel und entspanne deinen Geist, lasse störende Gedanken einfach mitziehen. Wenn du unter Stimmungsschwankungen leidest, die verstärkt in den dunklen Monaten des Jahres auftreten, denk dran: Der Himmel ist auch im November unendlich weit; du kannst die Weite sehen, wenn du meditierst.

- Atem: Die vielen Atemübungen in unserem Buch weisen ja schon auf die zentrale Stellung des Atems hin. Benutze den Atem zur Unterstützung, bitte ihn dich zu begleiten, spüre ihn an ungewöhnlichen Stellen deines Körpers. Werdet so unzertrennliche Freunde, spielt fangen oder macht andere verrückte Dinge. Wichtig ist nur dabei, dass ihr am Ende durch »dick und dünn« geht.
- Wiese: Benutze »deine Traumwiese« (siehe Seite 42) zu Beginn, mitten drin und am Ende einer Meditation. Eine Wiese verbinde ich immer mit »grounding«, das heißt, ich fühle mich mit der Erde verbunden, ich »erde« mich und spüre so immer festen Halt und ein sattes Wohlbehagen und Sicherheit.
- Kerze: Zünde eine Kerze an und werde ruhig. Zünde eine Kerze an und denke an einen lieben Menschen. Zünde eine Kerze an und beobachte das Spiel der Flamme. Zünde eine Kerze an und beruhige deinen Geist. Zünde eine Kerze an und...
- Wasser: Dieses Element findest du in vielen Meditationen. Das Geräusch von Wasser hat beruhigende Wirkung. Das Kommen und Gehen von Meereswogen ist gut mit deiner Atmung zu verbinden. Die Beschaffenheit von Wasser lädt zur spirituellen Reinigung ein.
- Mantra und Kasina: Wiederhole ein sinntragendes Wort meditativ mehrere Male (Mantra). Schau dir ein bestimmtes Objekt immer und immer wieder meditativ an (Kasina).

Achtsamkeit

Versuche dich möglichst häufig im Hier und Jetzt aufzuhalten und zu spüren. Das wird dir natürlich nicht dauerhaft gelingen, da du ja außer zu meditieren noch andere Dinge zu tun hast. Aber das Hier und Jetzt ist das Einzige, was im Moment Bestand hat. Alles andere hast du schon erlebt (Vergangenheit), oder du weißt noch nicht, wie du tatsächlich Einfluss nehmen wirst (Zukunft).

Mach dich lang

Ausstrecken will gelernt sein. Leg dich auf den Rücken und strecke deine Arme und Beine aus. Stelle dir vor, es zieht jemand behutsam an deinen Beinen und Armen. Jeder Wirbel bekommt wieder Platz, wenn du dich ganz lang machst. Dann wieder nachgeben. Führe diese wohl tuende Streckung zwei- bis dreimal durch. Du kannst natürlich auch im Sitzen und im Stehen üben. Wenn du verlernt hast, wie langsames Ausdehnen und Strecken geht, beobachte eine Katze oder einen Hund beim Aufwachen oder Räkeln in der Sonne.

Loslassen gegen Verspannungen

Ich glaube, dass viele Menschen sich körperliche Verspannungen zulegen, um ihren physischen Körper zusammenzuhalten und sich damit Struktur zu geben. »Loslassen« ist dann das Zauberwort. Wenn du lernst loszulassen, verschwinden körperliche Verspannungen. Massagen haben wohl tuende Wirkung, aber wie du vielleicht aus eigener Erfahrung weißt, haben sie keine anhaltende Heilwirkung. Wenn du psychisch bereit bist loszulassen und auf die Kraft in dir vertraust, die bereits weiß, was richtig für dich ist, hast du eine weitere Eintrittskarte in deine spirituelle Welt. Ich weiß, es ist ein unschöner Gedanke, selbst für seine Verspannungen Verantwortung zu übernehmen – versuch es trotzdem einmal.

Den Geist ausstrecken

Diese Meditation ist so einfach, dass sie von manchen Meditierenden schon wieder als schwierig erlebt wird! Löse mit einer tiefen Ausatmung deine Körperspannung, deine Stirn ist glatt

Tipp: Ich übe diese Meditation mit meinen Patienten immer im Stehen, um keine Trägheit aufkommen zu lassen. Der Energiefluss oder aber seine Blockierungen sind so am deutlichsten zu spüren.

Ein Fallbeispiel

Ich bot einem völlig verspannten Patienten eine Übung zum Entspannen an. Schon nach der zweiten Anweisung schrie er mich an: »Lassen Sie mich in Ruhe mit Ihren unmöglichen (er benutzte ein anderes Wort) Übungen, meine Schmerzen sind meine einzige Möglichkeit, mich zu spüren!« Sein Ausbruch ließ ihn selber erschrecken. Meine Übungen waren lange Zeit eine maßlose Überforderung für ihn. Ich habe mit ihm alternative Verhaltensweisen erarbeitet, bis ihm rational klar war, dass sein Selbsthass mit einer zufriedenen Lebensführung nicht kompatibel ist. Erst als er sein persönliches Drama veränderte, war Platz für Entspannungsübungen und inneres Loslassen. »Innere Massage« (siehe Seite 75ff.) wurde seine Lieblingsübung.

und weich, deine Kiefermuskeln hängen angenehm schwer, deine Schultern sind gelöst und entspannt, dein Bauch ist ruhig und locker. Gib nach, wenn du Anspannung fühlst.
Gib deinem Geist für einige Zeit die Erlaubnis, so zu sein, wie er will. Egal was er will, er hat das Zepter in der Hand. Lass ihn lachen, wenn er lachen will, lass ihn gewichtige Gedanken haben, lass ihn ruhig sein, wenn er will, lass ihn laut sein – aber bitte mische dich nicht ein! Wenn du aufhören willst, dann tu das und kehre langsam zu deiner anstehenden Aufgabe zurück.
Wenn du dieser Haltung ab und zu am Tag freien Lauf lassen kannst, deinen Geist nicht hinterherzerrst wie ein lästiges Gewicht, dann ist die Tanzfläche deines Lebens geöffnet.

Vielleicht ist deine goldene Verbindung am Anfang nur eine dünner Faden oder eine Ahnung. Wenn du dich immer wieder zuversichtlich für diese Meditation öffnest, wird die Verbindung immer stabiler, dehnbarer und flexibler.

Die goldene Verbindung

In dieser Meditation geht es darum, eine innere Verbindung zu deinem kosmischen Vater und deiner kosmischen Mutter zu erspüren und zu stabilisieren. Du hast in deinem Leben von deinen leiblichen Eltern vielleicht zu viel oder zu wenig Liebe und Anerkennung bekommen. Vielleicht haben deine Eltern auch gar nicht für dich existiert. Eventuell schlägst du dich heute noch mit

dem Prozess des Loslösens von ihnen herum, oder nimmst dir übel, dass du deinen eigenen Weg gehst. Schuldgefühle sind purer Luxus und hindern dich an Weiterentwicklung!
Vielleicht lebst du in ungesunden Verbindungen, oder haderst häufig mit deinem Schicksal, oder machst andere dafür verantwortlich: Dann hilft dir diese Meditation dabei, Selbstverantwortung zu übernehmen. Durch die Stärkung deiner inneren Kraft wirst du eigenständig und zuversichtlich; du hast es nicht mehr nötig, andere für dein Schicksal verantwortlich sein zu lassen.

Dein kosmisches »Elternhaus«

Entspanne dich, spüre deinen energetischen Körper. Dein Atem hilft dir dabei, wenn du ihn einlädst. Stell dir ein Haus vor, dein inneres Traumhaus, sieh es dir genau an.
Geh in dein Haus hinein, und zwar genau in sein Zentrum. Vertraue auf dein Gespür, bis du in dein Inneres eingedrungen bist. Bleibe dort einfach stehen und verweile. Spüre die äußere Stabilität und Kraft, die von deinem Haus ausgehen, und genieße seinen Schutz.

Mutterliebe und väterliche Weisheit

Versuche nun eins zu werden mit deinem Haus. Spüre nach unten in sein Fundament, atme bewusst von unten nach oben und sauge mit jeder Einatmung aus den Tiefen der Erde unterhalb des Fundamentes saubere Nahrung und Lebensenergie auf. Spüre so, wie die unerschöpfliche Liebe deiner kosmischen Mutter in dich hineinströmt. Gib mit jeder Ausatmung alles ab, was dich blockiert und hindert, die tief verwurzelte Liebe deiner kosmischen Mutter aufzusaugen.
Wenn du dich gestärkt und gesättigt fühlst, richte dich nach oben zum First deines Hauses. Spüre, wie sich dabei deine Wirbelsäule ohne Anstrengung nach oben streckt und so Weite entsteht. Öffne dich nach oben und sei empfänglich für deinen kosmischen Vater. Väterliche Zuwendung, Mut und Akzeptanz strömen

Diese tiefgehende Meditation erdet dich nach unten und öffnet dein Bewusstsein nach oben (Kronen-Chakra, siehe Seite 48f.). Durch regelmäßiges Training stellt sich automatisch die goldene Verbindung ein. Ein positiver Begleiteffekt: Die Körperhaltung wird verbessert, die Bewegungen werden geschmeidiger.

mit jeder Einatmung in dein Inneres, mit der Ausatmung gibst du alles ab, was diese Verbindung unterbricht. Spüre, wie die Zimmer deines Hauses geflutet werden mit väterlicher, göttlicher Weisheit und mit tiefem Verständnis für dich.

Mit neuer Zuversicht in den Tag

Verweile einige Zeit bei deinen kosmischen Eltern, bis du irgendwann, ganz ohne dein Zutun, die goldene Verbindung zwischen deinen kosmischen Eltern spürst, von oben nach unten und von unten nach oben. Die Vereinigung deiner kosmischen Eltern erfüllt dich mit tiefer Zuversicht und Glück. Die vibrierende Sicherheit ergießt sich bis in die letzten Winkel deines Seins. Alles ist klar und hell, ganz klar, ganz hell. Einfach nur ein- und ausatmen, ein- und ausatmen, das ist schon genug.
Tritt nun aus deinem kosmischen Haus heraus und verabschiede dich mit dem Wissen, das alles immer für dich erreichbar ist. Beende die Meditation nach einem dir angenehmen und bekannten Muster (siehe Seite 23).

Bewegungsmeditationen

»Konzentriert geht's wie geschmiert« (CD-Titel 9) ist eine belebende Bewegungs- und Konzentrationsübung. Die Aufforderungen wecken deine Lebensgeister. Es ist erwiesen, dass Lachen gesund ist und entspannt. Wenn dir der Schädel mal brummt oder du dich nur mit rationalen Dingen beschäftigst hast, kann diese Kurzübung deinen Kopf wieder frei machen für die schönen Dinge um dich herum.
Steige einfach mal häufiger aus deiner Tretmühle aus und tu etwas Verrücktes, z. B.:

- Trägst du immer schwarze Hosen? Kauf dir eine gestreifte.
- Stehst du immer um 7 Uhr auf? Steh einfach eine halbe Stunde eher auf und begrüße den Tag mit einer einflussreichen Meditation.

- Kaufst du nie Blumen für dich? Tu es einfach mal.
- Sagst du häufig »Ja«? Sage einfach einmal unerwartet »Nein«.
- Bist du ein ständiger »Nein«-Sager? Sage häufiger einmal »Ja«.
- Beginne den Tag mit einem bezaubernden Lächeln für dich allein. Wenn du sicher bist, verschenke dein Lächeln. (Probiere es auch einmal bei Menschen, die du nie anlächelst.)

Die Liste der Dinge, die du vielleicht mal anders angehst, ist beliebig erweiterbar. Dir fällt bestimmt noch mehr Lebensbejahendes ein, nach dem Motto: Die Lösung eines kleinen Problems ist bereits die Teillösung eines großen Problems!

Alle Muskeln spüren

»Spann an, lass los, das ist famos (CD-Titel 8) ist eine Übung zum »Anfassen«. Wenn du dich unruhig und unkonzentriert fühlst, sind diese Übungen genau das Richtige. Es ist eine Zusammenfassung aus der Methode der Progressiven Muskelentspannung nach E. Jacobson. Durch regelmäßig geübte An- und Entspannungsübungen lernst du deine Muskeln zu entspannen und entwickelst ein Gespür für unnötige Anspannung in deinem Alltag. Wenn du dich für diese Entspannungstechnik interessierst, verweise ich auf meine CD (siehe Seite 80).

Geh durch deinen Raum

Diese Übung biete ich meinen Kursteilnehmern dann an, wenn Unruhe auftaucht und ich kein klares Gefühl für die Situation bekomme. Es geht dabei darum, durch Nachahmen bestimmter Personen und Gefühle sich innerlich ganz für das Hier und Jetzt zu entscheiden. Spüre nach jeder Pantomime einen Moment das entstandene Körpergefühl.

- Schreite so wichtig und ausdrucksstark wie der Bundeskanzler durch deinen Raum.
- Sei von Kopf bis Fuß Charlie Chaplin, auch mit deiner Mimik.
- Sei durch und durch ein verspielter Träumer und Weltenbummler.
- Sei der großartigste Tänzer/die großartigste Tänzerin auf der ganzen Welt.
- Du hast gerade erfahren, dass du einen großen Gewinn erzielt hast. Welche Bewegungen fallen dir dazu ein?

Ergänze die Liste nach Belieben durch eigene Einfälle. Wenn dir eine Ausdrucksweise besonders gut gefällt, vielleicht weil sie zu deiner jetzigen Situation hervorragend passt oder du dich nie getraut hast, so zu sein, stell doch einfach mal einen Tag unter solch ein spannendes Motto!
Zu deinen alten, bekannten Ausdrucksweisen kannst du später wieder zurückkehren. Glaube mir, das ist wie Urlaub in einem unbekannten Gebiet; du triffst dabei neue Leute, und manchmal auch dich selbst.

Freier Energiefluss

In China gibt es bestimmte Massagetechniken, die den Energiefluss im Körper frei halten. Ist diese Lebensenergie – die Chinesen nennen sie Qi (gesprochen: »Tschi«) – blockiert, ist die innere Harmonie gestört, und es entstehen Krankheiten. Die folgenden »Wachmacher« sind ein winziger Auszug aus einer beeindruckenden alten Kultur. Sei achtsam und entscheide jedes Mal, wie viel Druck dir gut tut und wie lange eine Übung dauern soll. Deine Hände sollten schön warm sein.

Ein Geschenk für deine Augen ist auch der CD-Titel 3: »Augen-Blick«. Deine Augen dienen als Auslöser für den Energieverbrauch im ganzen Körper. Sorge ab heute dafür, dass deine Augen genügend Erfreuliches sehen.

Freier, klarer Blick für müde Augen

Diese Übung hilft, wenn du deine Augen überanstrengt hast, etwa durch lange Arbeit vor dem Computer-Bildschirm:

- Nimm deine Zeigefinger und lege deine Fingerkuppen auf dein Jochbein, einige Zentimeter unterhalb der Mitte deiner Augen. Nun übe mit festen kreisförmigen Bewegungen langsam Druck aus und lass wieder los. Schließe dabei deine Augen, so kannst du dich besser auf eine dir angenehme Druckstärke konzentrieren.
- Nimm deine Nasenwurzel, oben zwischen deinen Augen, mit Daumen und Zeigefinger in den Griff. Übe wieder mit leichten kreisenden Bewegungen Druck aus und gib wieder nach. Wiederhole die Übung nach Belieben.

- Am besten stützt du deine Ellenbogen auf einen Unterlage. Falte die Hände wie zu einem Gebet, drücke deine Daumenkuppen an die Augenbrauenenden bei deiner Nase (da, wo die leichte Vertiefung deiner Augenhöhlen beginnt). Halte die Spannung deiner Daumen für einen längeren Zeitraum.

Hilfe bei Nacken- und Schulterverspannungen

- Lege deine rechte Hand auf deine linke Schulter. Nimm mit deinen Fingern, ohne Daumen, den dort sitzenden Muskelstrang fest zwischen Finger und Handflächen. Zähle bis fünf und gib wieder nach. Wenn dir diese Übung etwas grob vorkommt, weil es ein wenig »ziept«, machst du die Übung genau richtig.

Nun kommt die linke Hand auf die rechte Schulter, und die gleiche Übung wird dieser Schulter gut tun.

- Wenn du einen Arm ein wenig anhebst und die Finger der anderen Hand hinten auflegst, wo der Arm mit der Schulter verbunden ist, spürst du eine leichte Vertiefung. Drücke diese Stelle fest mit drei Fingern; Druck ansteigen lassen und einige Sekunden halten, wieder nachgeben.

Nun das gleiche für deine andere Schulter.

Keine Angst, ich will dich nicht zum Spitzensportler machen, aber ein kräftiger, etwas schnellerer Spaziergang, ein paar Minuten sanftes Gelenkkreisen oder mit halbwegs durchgestreckten Beinen einen Gegenstand Aufheben kann schon eine kleine Revolution in deinem Körper verursachen und Veränderungen einleiten.

Eine kleine Übung für zwischendurch

- Lasse deinen Kopf auf deine Brust fallen. Behalte diese Stellung bei, zieh gleichzeitig deine Schulterblätter nach hinten zusammen und bleib einen Moment in dieser Position, dabei schön weiteratmen.
- Die Schultern wieder nachgeben und langsam den Kopf heben. Wenigstens dreimal durchführen.
- Gegenbewegung: Du umarmst dich selbst und ziehst und dehnst dabei genüsslich deine Schultern auseinander.

Dies ist eine schöne Übung nach Konzentrationsleistung, Autofahrten oder Schreibtischtätigkeit.

Lebensweisheiten als Meditationshilfe für alle Tage

Gelassenheitsspruch

Gott gebe mir die Gelassenheit, Dinge hinzunehmen,
die ich nicht ändern kann,
Den Mut, Dinge zu ändern, die ich ändern kann,
und die Weisheit, das eine vom anderen
zu unterscheiden. *Pfarrer F. Öttinger 1702-1782*

Das ist mein Lieblingsgebet. Diese Lebensweisheit empfinde ich als den Zusammenschluss eines ganzen Menschenlebens. Wie häufig verschwenden wir unsere kostbare Energie für Dinge, die wir nicht ändern können. Wir rebellieren und kämpfen, weil wir glauben, das Ruder noch herumreißen zu können. Aber die investierte Kraft ist eine Fehlinvestition. Ein anderer hat uns die Entscheidung bereits abgenommen, Einfluss zu nehmen, ein Mitmensch, eine Schicksalsfügung, Gott. Wenn wir auf diese Weise unser Gleichgewicht verloren haben, sind wir kraftlos und geschwächt. Wir haben keine Reserven mehr, keinen Mut, Dinge zu ändern, die in unserer Macht stehen. Ohne Zweifel ist der behutsamste Weg die Weisheit – die Weisheit, das eine vom anderen zu unterscheiden. Ich kenne alte Menschen, die dieses Gebet am Lebensende zur Erfüllung gebracht haben. Wenn dich dieses Gebet auch anrührt, lass es Bestandteil deines Lebens sein.

Desiderata

Gehe gelassen durch das Lärmen und Hasten und vergiss nicht, welcher Friede im Schweigen sein kann. Stelle dich, soweit das ohne Kapitulation mögliche ist, gut mit allen Leuten. Sage deine Meinung ruhig und klar – und höre anderen zu, selbst den Einfältigen und Unwissenden, auch sie haben etwas zu sagen.

Meide die Lauten und Aggressiven, sie sind eine Plage für Geist und Seele. Wenn du dich mit anderen vergleichst, wirst du vielleicht hochmütig oder verbittert, denn es wird immer Größere und Geringere geben als dich. Freue dich an deinen Leistungen wie an deinen Plänen.

Vernachlässige deinen Beruf nicht, sei er auch noch so bescheiden; er ist ein fester Halt in den Wechselfällen des Lebens. Sei vorsichtig in geschäftlichen Dingen; denn die Welt ist voller Lug und Trug. Aber lass dich davon nicht blind machen für das Gute, das es auch gibt; mancher kämpft für hohe Ideale, und überall ist das Leben voller Heldentum.

Sei du selbst. Vor allem heuchle keine Zuneigung. Sprich auch nicht zynisch über die Liebe; denn angesichts all der Schalheit und Ernüchterung ist sie unvergänglich wie das Gras.

Nimm den Rat der Jahre freundlich an, verzichte mit Anstand auf die Freuden der Jugend. Stärke deine innere Kraft, damit du gegen plötzliche Schicksalsschläge gewappnet bist, aber quäle dich nicht mit Hirngespinsten. Viele Ängste erwachsen aus Erschöpfung und Einsamkeit. Abgesehen von einer heilsamen Selbstdisziplin geh gelinde mit dir um.

Du bist ein Kind des Universums, nicht geringer als die Bäume und die Sterne; du hast ein Recht, da zu sein. Ob du es begreifst oder nicht, das Universum entfaltete sich unleugbar, wie es soll.

Deshalb lebe in Frieden mit Gott, was immer du dir unter ihm vorstellst, wie hart du auch arbeitest, wonach du auch strebst; in dem lärmenden Wirrwarr des Lebens halte Frieden mit deiner Seele.

Trotz allen Blendwerks, aller Plackerei und aller zerbrochenen Träume ist es eine schöne Welt. Sei auf der Hut. Kämpfe um dein Glück.

Max Ehrmann
amerikanischer Dichter, 1872-1945

Dieser alte Text ist gespickt mit ausdrucksstarken Leitsätzen. Such dir immer das Passende für dich heraus.

Das Monument

Gott, bevor er seine Kinder zur Erde sandte, gab jedem von ihnen ein sorgfältig ausgewähltes Paket von Problemen.
»Diese«, versprach er lächelnd, »gehören allein DIR. Kein anderer wird diese Segnungen haben, die diese Probleme DIR bringen werden.
Und nur Du hast die speziellen Talente und Fähigkeiten, die nötig sein werden, um diese Probleme zu DEINEN Dienern werden zu lassen.
Nun geh hinab zu deiner Geburt und zu deiner Vergesslichkeit.
Wisse, dass ich Dich liebe über alle Maßen.
Die Probleme, die ich DIR gab, sind ein Symbol für diese Liebe. Das Monument, das DU aus DEINEM Leben machst, mit Hilfe DEINER Probleme, wird ein Symbol für DEINE Liebe zu mir sein«.
Dein Vater

Textauszug,
Schriftsteller Blaine M. Yorganson

Ich habe diesen Text schon häufig in Meditationen eingebaut, ihn allein verinnerlicht. Auch jetzt beim Schreiben musste ich innehalten und meine Gefühlslage wieder ins Gleichgewicht bringen. Ist das das höhere Bewusstsein, das aus diesem Text spricht?

Ich hatte einen Traum
Jesus ging neben mir auf
meinem Lebensweg. Da fragte ich
ihn: »Herr, bist du in jeder
Situation meines Leben bei mir?«
Er antwortete: »Ja, schau
nur zurück, und sieh die Fußspuren
neben dir.« Und ich sah
die Spuren im Sand. Er hatte mich
begleitet in Freude und Leid.
Aber plötzlich sah ich nur noch
die Spuren von zwei Füßen.
Es war der Lebensabschnitt,
der von unvorstellbarem
Leid gekennzeichnet war. Und
ich sprach: »Herr warum hast du
mich dort nicht begleitet? Dort
fehlen deine Fußspuren.« Der
Herr aber antwortete: »Nein, meine Fußspuren
kannst du sehen, aber nicht deine,
denn da habe ich dich getragen.«

Gefunden in einem Faltblatt
des Diözesanverbandes Osnabrück

Erst viele, viele Jahre nach dem Tod meiner vor 23 Jahren ganz plötzlich verstorbenen Mutter konnte ich diesen Text ertragen. Geraume Zeit später gab er mir Sicherheit, und ich konnte beginnen, Frieden mit Gott zu schließen.

Meine Seele wohnt gern in mir

Mit sich selbst in Einklang zu sein bedeutet vor allem: Achtsam mit sich umzugehen, die Einheit von Seele, Körper und Geist zu respektieren und sie »pfleglich« zu behandeln. Hier sind bewährte Meditationen, wenn die innere Harmonie aus der Balance geraten ist.

Wirksames Heilmittel – dein Atem

Wenn du unruhig bist und dich konzentrieren musst, ist diese einfache Übung genau das Richtige, um sich zu besinnen.

- Ob du gerade stehst, sitzt oder liegst – ganz egal. Dein Atem ist es, dein eigener Atem, der jetzt im Mittelpunkt deiner Aufmerksamkeit steht. Finde eine bequeme Position und schließe deine Augen.
- Wie atmest du gerade? Vielleicht spürst du deinen Atem oben im Inneren der Nase oder mehr im Brust- oder Bauchraum? Lasse alles geschehen, dein Atem ist in dir. Dein Atem bestimmt den Rhythmus, vertraue dich deiner Atmung ganz an.
- Nun beginne deine Atemzüge zu zählen. Beginn jedes Mal, wenn du einatmest, mit dem Zählen. Zähle zehn deiner Atemzüge; auch wenn Bilder oder Gedanken auftauchen, zähle konsequent und konzentriert weiter bis zehn. Dein Atem bestimmt den Rhythmus und die Geschwindigkeit.
- Sage zu dir selber: »Tiefe Ruhe stellt sich ein, mein Atem ist ruhig und rein« (dreimal).

Wenn du es gewohnt bist, in deinem Leben viel zu kontrollieren und häufig einzugreifen, kann dir diese Übung anfangs Schwierigkeiten bereiten. Aber wenn du lernst, dass Loslassen Seelenruhe bedeutet, erkennst du die heilenden Wirkungen.

Atmen heißt: Ich lebe

Du begrüßt dein Leben mit deinem ersten Atemzug. Erinnere dich jetzt an diese Eintrittskarte für dein Leben.

- Setze dich auf einen Stuhl oder auf den Boden. Dein Rücken ist aufrecht und gerade. Du lehnst dich nicht an, sondern entwickelst ein Gespür dafür, dass du dich selbst trägst. Dein Kopf ruht ohne Anstrengung auf deinem geraden Hals. Lasse nicht die Trägheit siegen, sondern spüre deine Stabilität und richte dich auf, dein Atem hilft dir dabei.
- Bringe nun deine inneren Reden und Gedankenbilder mit in deinen Atemfluss; dein Atem hat die Macht, sie zu entspannen und zu beruhigen.
- Fühlst du noch Muskelverspannungen? Berühre und löse sie ganz sanft mit deinem Atem, lenke deinen Atem dorthin und spüre, wie sich deine Muskeln glätten und ausdehnen.

Gib bei dieser Übung deinem Kraftraubenden, Ungesunden einen Namen, setze es auf die Ausatmung und sauge mit jedem Einatmen Sauberes und Gutes in dich hinein.

- Vielleicht nimmst du irgendeine Empfindung war, ein Gefühl. Verstärke dieses Gefühl dadurch, dass du es einfach bestehen lässt, füge nichts hinzu, fühle dein Gefühl immer mehr. Vielleicht wandert es durch deinen ganzen Körper. Alles ist gut und richtig, dein Atem stabilisiert dich, begleitet dich durch »dick und dünn«. Vertraue deiner Atmung, gib dich deiner Atmung völlig hin. Überlasse dich deinem Atem, vertraue der Einzigartigkeit deiner Atembewegung. Spüre weit und tief in dich hinein, spüre bei allem die goldene Verbindung zu deinem Atem. Reinige deinen Körper von allem Ungesunden bei der Ausatmung.
- Ist deine innere Reinigung abgeschlossen, verweile noch dankbar und ohne Anspruch bei deiner Atmung. »Danke, dass ich lebe, jede Ausatmung vertieft die Ruhe« (dreimal).

Lichtmeditation

Licht spielt in allen Meditationstechniken eine zentrale Rolle. Sei es, um Klarheit in eine unklare Situation zu bringen, sei es, um aus einem dunklen Tief (depressive Verstimmungen) ein Seil in die Helligkeit zu spannen. Aber nicht zuletzt symbolisiert Licht ein Streben nach oben, hin zur göttlichen Vereinigung. Die folgende Entspannungsübung hat schon vielen Menschen zu innerer Helligkeit und Klarheit verholfen. Ganz einfach, kinderleicht!

Deine Reise ins Licht …

… beginnt mit Farbe: Mach es dir so bequem wie möglich. Visualisiere vor deinen geschlossenen Augen ein Farbrad, das sich langsam dreht. Spüre die beruhigende Wirkung, die von den Farben ausgeht. Ist deine heutige Lieblingsfarbe dabei? Welche Farbe passt heute am besten zu dir? Hast du sie gefunden? Gib ihr deinen Namen. Lass deine Farbe leuchten, schau, sie sticht aus allen anderen heraus, wird immer klarer, immer leuchtender, wie ein Lichtstrahl.

Lass sie ein: Bitte deinen Farbstrahl, in dich einzudringen, dich auszufüllen mit all seiner Helligkeit und Klarheit. Lockere deine Füße und spüre, dass die Lockerheit deiner Muskeln die Farbe anlockt wie Honig die Biene. Deine Füße erstrahlen, deine Waden füllen sich mit dir als Farbe, deine Oberschenkel sind ausgefüllt und hell. Nimm deinen Lichtstrom auf in deinem Becken und deinen Hüften, alles ist hell und klar. Lass deinen Farbstrom deine Wirbelsäule umschmeicheln, bringe so Helligkeit in jede Anspannung. Gönne deiner Wirbelsäule, von deinem Heilstrom aus Licht und Farbe durchflutet zu werden.

Licht durchflutet den Bauch ... Während du einfach nur da bist, reinigt dein Lichtstrahl deine inneren Organe und lässt sie in neuem Glanz erstrahlen. Verweile. Lass dir Zeit, deine Organe von dir als Lichtstrahl durchfluten zu lassen. Sprich jedes deiner wichtigen Organe einzeln an, wenn du magst ganz sauber, ganz entspannt, ganz sauber, ganz hell und entspannt. Lass nun deinen leuchtenden Farbstrahl dein Sonnengeflecht, den Solarplexus, erreichen. Gib deinem Lichtstrahl die gewünschte Temperatur und lass deinen Bauchraum gesund und hell sein, ganz gesund, ganz hell.

Ist eines deiner Organe besonders anfällig, dann umschmeichle es mit deinem Lichtstrahl und ströme besonders viel Liebe und Zuversicht aus.

... und den Oberkörper: Der Lichtstrahl nimmt Einzug in deinen Oberkörper, du spürst die Helligkeit in deiner Brust, die Weite. Der Lichtstrom dehnt deinen Brustraum, bei jeder Einatmung wird mehr Platz für Neues und Gesundes geschaffen. Deine Farbe erfüllt dich, füllt dich aus. Schau nun einfach zu, wie dein Lichtkörper mit deiner Farbe deine Schultern ganz selbstverständlich besucht und automatisch eine fließende Verbindung zu deinen Armen herstellt. Schulten und Arme sind ganz entspannt und angefüllt mit deiner Farbe. Wie ein reinigender, wieder belebender Strom schwemmt dein Lichtstrahl alles Störende, alles Kranke mit sich fort. Zurück bleiben Helligkeit, Gesundheit und Entspannung.

Licht erfüllt deinen Kopf: Der Lichtstrom erreicht deinen Nacken, weitet und erhellt ihn, weitet und macht ganz hell. Die heilende und strömende Wirkung deines Farblichtes erreicht deinen Kopf. Jetzt wird dein Lichtstrahl noch sanfter und noch langsamer. Ist seine Farbe noch klar und rein? Sonst gib mit deiner Ausstrahlung einige Tropfen Konzentrat hinzu. Lass es zu, dass dein Kopf durchflutet wird von deinem Lichtstrahl. Erlaube deinem Farbenstrahl, das Innere deines Gehirns, da wo Spannung aufgebaut wird, zu entspannen und zu erhellen.

Reinigung durch Licht- und Atemkraft

Deine heutige Farbe hat Einzug genommen und stärkt alle deine Organe und Muskeln. Jeder Nerv und jede Sehne hat eine Verbindung zu deinem Lichtstrahl. Jedes Organ, jeder Muskel, jeder Nerv, jede Sehne erscheint in neuem, strahlendem Glanz! Dein Lichtstrahl hat eine solche Kraft und eine so ausgewogene Mischung an Helligkeit und Farbe, dass jeder ungebetene Gast (Spannung, negative Erlebnisse etc.) sofort spürt, dass er keine Macht hat, und sich abwendet, tief beeindruckt von so viel Vitalität, Helligkeit und Gesundheit.

Hinweis: Bei Einschlafstörungen probiere folgende Variante: Zähle bei jeder Ausatmung bis zehn, mach diese geniale Technik einige Male, und du wirst sanft und ruhig schlafen.

Gib nun deinem souveränen, weisen Atem die Macht. Er weiß genau, wo er mit seiner Einatmung noch Spannung abholen und Dich mit seiner säubernden Ausatmung reinigen darf. Lass den Atem einige Zeit diese heilende, reinigende Aufgabe übernehmen: Einatmen – Ungesundes abholen, ausatmen – reinigen und säubern.

Öffne deine inneren Räume und werde weit

Heute bist du zu Hause und besuchst dich ganz einfach selbst! Ich stelle dir nun meine Form einer bewährten Aufmerksamkeitsübung vor. Das Öffnen der Aufmerksamkeit steht wie bei vielen Entspannungstechniken auch hier im Vordergrund. Diese Übung lässt es ebenfalls zu, alle bestehenden oder auftauchenden Gefühle mit in die Übung einzubeziehen. Das Prinzip ist wie bei allen Aufmerksamkeits- und Entspannungsübungen gleich: Je größer der Rahmen (Raum) ist, den du wählst, umso größer ist das Bild (z.B. dein Gefühlszustand), das hineinpasst. Ich verdeutliche das einmal am Beispiel Schmerz: Wenn du Schmerzen hast und dich auf deinen Schmerz konzentrierst, ist der Rahmen für deinen Schmerz klein, und das Gefühl Schmerz hat die Macht: Du fühlst dich beklemmt, und dein Handlungsspielraum ist klein. Schaffst du es, deine Aufmerksamkeit auszudehnen und den Rahmen wie einen übergroßen Bilderrahmen zu erweitern, kann sich der Schmerz verteilen und letztendlich sogar auflösen. Das geht natürlich mit allen Gefühlen.

Wenn du z. B. gerne Fotos machst, kennst du den Unterschied zwischen einem eingeengten und einem geöffneten Fokus. Wenn du dich auf einen Käfer konzentrierst, ist dein Blickwinkel eingeschränkt; du bist angespannt und darfst den entscheidenden Augenblick zum Auslösen nicht verpassen. Wenn du die Weite einer atemberaubenden Landschaft einfangen willst, musst du deinen Fokus öffnen; du hast Zeit, deine Objektive den Gegebenheiten anzupassen.

Praktische Hinweise

Damit keine Trägheit aufkommt, wähle eine aufrechte Sitzhaltung und lass deine Augen entscheiden, ob sie geöffnet oder lieber geschlossen bleiben. Du hörst gleich Fragen, auf die du einfach deine Konzentration lenkst und deinen Geist entscheiden lässt, ob er antworten will.

Bäum dich nicht auf und erzwinge keine Antwort, sondern mach es wie immer, erbitte Gelassenheit und geh sanft mit dir um. Lass dir, wenn es deine geschulte Aufmerksamkeit schon erlaubt, ruhig ca. 10 bis 15 Sekunden (später auch länger) Zeit für das Erfühlen und Erspüren jeder Antwort. Bis ich diesen Text für dich vertont habe, kann es hilfreich sein, ihn selber, ruhig und ganz schmucklos auf ein Band zu sprechen.

Arme und Schultern

- Wie haben sich deine Augen entschieden, sind sie zu oder auf? Spüre deine zehn Finger; wenn es dir hilft, bewege sie ein wenig. Führe deine beiden Hände langsam zueinander, bevor sie sich berühren, halte inne und spüre ihre magnetische Wirkung. Erfühle den Raum zwischen deinen Händen. Sag »Hallo, ihr meine Finger und Hände«! Lass sie wieder gemütlich ausruhen.

- Erspüre als Geschenk für deine Hände den Raum zwischen Daumen und Ringfinger jeder Hand, zwischen Ringfinger und Mittelfinger, zwischen Mittelfinger und Ringfinger, zwischen Ringfinger und kleinem Finger. Kannst du dir vorstellen, dass Finger und Hände, wie deine Wohnung, mit Raum gefüllt sind?
- Kannst du dir den Raum und den Abstand zwischen Handgelenk und Ellenbogen auf beiden Seiten vorstellen? Kannst du ihren Zwischenraum vom rechten zum linken Arm erspüren?
- Ist es dir möglich, den Abstand von deinen Ellenbogen bis zu deinen Schultern zu erspüren, die Weite und den Raum, den deine Arme einnehmen?
- Kannst du den Abstand zwischen deinen Schultern erspüren und kannst du ihn mit Raum zum Atmen füllen?
- Kannst du dir vorstellen, dass dein Hals die gleiche Ausdehnung hat wie der Raum zwischen deinen Schultern?

Tipp: Damit diese Übungen »alltagstauglich« sind, solltest du immer nur zwischendurch einzelne Körperbereiche mit Raum und Inhalt füllen, die gesamte »Aufführung« kannst du am Abend oder am Wochenende genießen.

Die Beine

- Mach einen Sprung zu deinen Füßen. Spüre deine zehn Zehen; wenn es dir hilft, bewege sie ein wenig. Achtung! Wenn du empfindlich bist: Lachen und Kitzeln sind entspannend und gesund!
- Erspüre als Geschenk für deine Füße den Raum zwischen deinen kleinen Zehen und deinen Ringzehen, deinen Ringzehen und deinen Mittelzehen, deinen Mittelzehen und deinen Zeigezehen, deinen Zeigezehen und deinen dicken Zehen, den Raum zwischen Zehen und Ferse, zwischen Ferse und Fußknöchel.
- Öffne dein Spektrum weiter und lade den Bereich zwischen beiden Fußknöcheln und Knien ein, sich zu öffnen und sich mit Raum und Weite zu füllen. Fülle den Raum zwischen deinen Knien und deinen Hüften mit Raum und Weite, ganz einfach, kinderleicht!

Bauchraum und Organe

- Kannst du dir den Raum zwischen deinen Hüften vorstellen, wie er mit Inhalt gefüllt ist?

- Vielleicht magst du deine Organe begrüßen und sie auch räumlich spüren?
- Deine Organe im Unterbauch sind mit Raum gefüllt und haben richtig viel Platz. Kannst du dir den Raum zwischen deinem Beckenboden und deinem Bauchnabel vorstellen? Kannst du dir alle wichtigen Organe in diesem, ihrem ganz eigenen Raum vorstellen? Lass dir Zeit, um jedes Organ in deiner Fantasie zu »besuchen«: die Nieren, die Milz, die Geschlechtsorgane, die Leber, den Magen, die Nieren – ergänze selbst.

Hier ist es heilsam, ein vielleicht geschädigtes oder angegriffenes Organ in deinen Fokus zu nehmen: Bronchien, Lunge, Leber. Musstest du dich von einem Organ aus bestimmten Gründen trennen, ist diese Übung eine geeignete Möglichkeit loszulassen.

Weite spüren im ganzen Körper

- Ist es dir möglich wahrzunehmen, dass dein Unterbauch, dein Gesäß und der untere Teil des Rückens mit Raum gefüllt sind?
- Kannst du den Raum zwischen deinem Bauchnabel und deinem Rückgrat spüren?
- Kannst du durch die räumliche Vorstellung deinen Brustkorb ausdehnen und erweitern? Deine Rippen helfen dir dabei.
- Kannst du die Gegend deiner Schulterblätter mit Raum und Weite füllen? Dein Atem hilft dir dabei.
- Sind deine Schultern und dein Hals noch weit und ausgedehnt, deine Arme noch mit Raum gefüllt, dein Oberkörper, dein Unterkörper, deine Beine? Schön!

Konzentration auf den Kopf

- Kannst du dir den Zwischenraum zwischen beiden Augen vorstellen? Kannst du dir bewusst machen, wie deine Tränenflüssigkeit deine Augäpfel benetzt und erfrischt?
- Kannst du den Abstand ausmachen von deiner Stirn bis zu deinem Kinn und spüren, wie Zunge und Unterkiefer ganz schwer sind?
- Kannst du den Raum in deinem Gesicht und deinem ganzen Kopf bewusst erspüren und dabei loslassen, was schwer ist?
- Kannst du einen Luftzug auf deinem Gesicht spüren? (In jedem Raum ist Luftzirkulation.)

Das Geheimnis, Spannungen aufzulösen

Höre einfach auf, gegen dich anzukämpfen! Deine Spannungen sind stärker, weil du sie selbst, mit deiner vielleicht jahrelangen Ignoranz (ich kenne dich zu wenig, vielleicht auch Arroganz?) aufgebaut hast. Du hast anderen eventuell mehr vertraut als deiner inneren weisen Stimme. Du hast dich angepasst und deine Lebensziele und Träume mit Füßen getreten, weil du aufgehört hast, an dich zu glauben. Wenn du diesen verborgenen Schatz in dir wieder freilegst, an dich selber glaubst und auf dich vertraust, dann ist das Geheimnis gelüftet, und du hast Zutritt zu dir selbst.

Wichtig! Mache dir bewusst, dass deine Gefühle (wie Ärger, Angst Trauer, Wut, Schmerz, Freude, Hass, Liebe) nur so lange ungebetene Gäste bleiben, wie du sie verdammst und fürchtest. Dann erkämpfen sie sich mit allen Mitteln ihr Recht, bei dir zu sein und dich auf ihre vielleicht schützende, ja vielleicht sogar heilende Wirkung aufmerksam zu machen. Annehmen ist das Zauberwort, dann werdet ihr zusammen stark!

Du und dein Raum

- Kannst du dir vorstellen, dass du ganz weit in die Ferne schaust und ruhig wirst?
- Kannst du spüren, dass dabei deine Reichweite und dein Spektrum sich immer mehr ausdehnen, du geschmeidiger, flexibler und offener wirst?
- Kannst du die Anziehungskraft und Sicherheit der Mutter Erde spüren und noch mehr loslassen?
- Kannst du dir vorstellen, dein momentanes Gefühl, deine Ahnung, zu dir einzuladen und ihm deinen weiten, flexiblen Raum vorzustellen? (Verfahre genauso mit Gerüchen, Gedanken, Vorstellungen.)
- Kannst du dir Zeit nehmen für dein Gefühl wie für einen lieben Gast? Kannst du seine Botschaft an dich hören, ihm Raum und Weite anbieten, weil du ja viel Raum zur Verfügung hast?
- Dein Gefühl gehört zu dir, es ist ein Teil von dir; kannst du ihm freundlich dein Gesicht zeigen?
- Kannst du dir zum Schluss noch einmal liebevoll eine wirklich friedvolle Szene vorstellen und einen Moment in ihr wohnen?

Die Stimmung nachschwingen lassen

Zum Ende deines hochsensiblen, mutigen Aufbruchs zu dir selbst lass noch ein wenig nachschwingen und ruhe dich aus. Beende dann deine Einkehr zu dir und mach dir bewusst, dass inneres Wachstum und tiefer innerer Friede, mit Gott und deiner Welt, auf eine solche Weise möglich ist.

Heilende geistige Körpermassage

Du kennst sicher die wohl tuenden Hände eines Masseurs oder einer Masseurin. Sie spüren geschickt deine angespannten Körperstellen auf und lockern sie. Leider erlaubt unser Gesundheitssystem diesen angenehmen Luxus nur noch selten. Egal, du weißt ja, dauerhafte Heilwirkung erzielst du nur, wenn du mithilfst und loslässt. Werde einfach mal zu deinem eigenen Masseur, denn du kennst dich doch am besten. Die folgende mentale Massage löst innere und äußere Verspannungen und verhilft dir neben absoluter Entspannung auch noch als Gratisbonbon zu gesundem und verbessertem Schlaf.

Alle Körperstellen, die du ohne dich zu verkrampfen mit deinen Händen erreichst, kannst du im Tagesablauf zwischendurch einmal wirklich durchkneten. Die so frei gesetzten Energien werden dich verblüffen.

Schärft die Körperwahrnehmung

Es kann sein, dass du sensible Druckpunkte massierst, die in dir ein verklebtes, blockiertes Gefühl lösen. Das ist gut so, lass alle Assoziationen, Meinungen und Gedanken zu, bis du automatisch auf eine tiefere Ebene vordringst und dich immer mehr spürst.
Ich biete dir heute eine Ganzkörpermassage an. Dieser Luxus dauert natürlich etwas länger. Wenn dir später eine »Teilmassage« reicht, fokussiere die gewünschten Stellen und beginne.

Deine »heilenden Hände«

Während du deine Achtsamkeit mühelos auf deinen Körper richtest, stellst du dir »heilende Hände« vor. Es können Hände aus Licht sein, die auch dein Innerstes berühren, oder aber Hände, die sanft das entspannende Ruheöl auftragen. Vielleicht benötigst du aber auch eine vitalisierende Powermassage, die deine Leistungsbereitschaft auf den Punkt bringt. Welche Massage tut dir heute gut?

Vorsicht: Wenn du eine Entzündung im Körper hast, oder dir etwas weh tut, denke daran, welche Kraft deine eigene Vorstellung besitzt. Lass dann lieber diese Körperstelle in Ruhe, oder lege – real oder in deiner Vorstellung – ein warmes oder kühles Kissen auf diese Stelle.

Sanfte Massage für ...

deine Arme: Sende deine Aufmerksamkeit auf deine Arme. Spüre, wie deine Hände wohl tuend massiert werden. Geh im Geiste jeden deiner Finger durch. Spüre, wie wohl tuend das kraftvolle Ausstreichen deiner Handinnenflächen ist und das behutsame Streicheln der Handoberflächen von deinen Handgelenken bis zu deinen Fingerspitzen. Genieße das Ausstreichen deiner Unterarme von den Handgelenken bis zu den Ellenbogen, von den Ellenbogen bis hoch zu den Oberarmen. Wenn du angenehmes Kribbeln verspürst oder sich deine Arme wie »ausgedehnt« anfühlen, ist das ein gutes Zeichen.

... Nacken und Schultern: Wärmende Heilkraft geht von den strahlenden Lichthänden aus. Jeder einzelne Nackenwirbel wird sanft umkreist, die einzelnen Wirbelzwischenräume weiten sich dabei. Deine Schultern werden mit kraftvollem Druck gedehnt und massiert. Lass ganz locker, arbeite nicht gegen den äußeren Druck der heilenden Hände an, vertraue ihnen, gib dich ihrer Erfahrung ruhig ganz hin.

... Kopf, Hals und Brust: Ganz sanft wird nun deine Kopfhaut massiert. Wohl tuende Entspannung überzieht dein ganzes Gesicht, wenn die beruhigenden Hände wie ein sanfter Windhauch über deine Züge gleiten. Die geistigen Hände dehnen deinen Hals, fast ohne Berührung, ganz weit und ruhig. Im Brustraum werden die einzelnen Zwischenräume der Brustwirbel vom Brustbein aus beidseitig nach außen gedehnt, dein Herz bekommt noch mehr Platz und strahlt. Dein Atem unterstützt die mentale Massage mit seinen ausladenden Ein- und Ausatmungen. Beobachte einige Zeit neugierig die sanfte Dehnung über deinen Atem.

... deinen Bauch: Bei deinem Bauch lassen sich die geistigen Hände etwas Besonderes einfallen. Beginnend bei deinem Bauchnabel ziehen sie kleine Kreise im Uhrzeigersinn, die Kreise werden immer größer, bis deine Bauchdecke ganz weich und entspannt ist. Kannst du fühlen, wie auch deine inneren Organe mit großen Ohren dieser wunderbaren Heilmassage lauschen?

… deinen Rücken: Bei deinem Rücken werden die geistigen Hände größer und vergessen keine Stelle bei der Massage. Sie beginnen ganz unten bei deinem Steißbein, verweilen rechts und links von deiner Lendenwirbelsäule, wo die zwei kleinen Kuhlen sind, und üben genau dort mit kraftvollen Druck eine lösende Wirkung aus. Mit beiden Daumen geht es kraftvoll weiter: rechts und links der Wirbelsäule entlang bis hoch zu deinem Nacken. Deine Schulterblätter werden ausgestrichen und gedehnt. Die Zwischenräume deiner Rippen werden einzeln massiert und gedehnt. Nun wird dein ganzer Rücken von deinen geistigen Händen ausgestrichen. Dabei spürst du, wie jegliche Spannung verschwindet und Platz geschaffen wird für wohl tuende Lockerheit und Entspannung.

Massieren will gelernt sein – das gilt auch für eine geistige Massage. Zunächst wirst du vielleicht Probleme haben, die von dir »behandelten« Körperteile bewusst wahrzunehmen, aber mit etwas Übung wirst du die wohl tuende Wirkung immer stärker empfinden.

… Gesäß und Beine: Sanfte Massage darf nun dein Gesäß erleben, ganz behutsam, ganz sanft. Deine mentalen Hände aus Licht und Ruhe massieren nun die Rückseite deiner Beine, die Oberschenkel, die Kniekehlen, deine Waden. Spüre die Vorderseite deiner Beine, die Oberschenkel, ganz locker und entspannt. Rundherum um deine Kniescheibe wird gedehnt und massiert, deine Schienbeine auf und ab, auf und ab.

… deine Füße: Deine Füße erfahren nun die heilende und unterstützende Wirkung deiner heilenden, mentalen Massage. Deine Hände aus Licht und Energie beginnen bei den Fersen. Sie drücken und kneten alles um deine Fersen herum. Sie reiben kräftig deine Achillessehne. Nun fahren die magischen Hände einige Male kräftig von den Fersen bis zu deinen Fußballen, sie tun das mit den Knöcheln ihrer kraftvollen Hände, hoch und runter, hoch und runter. Nun ist jeder einzelne Zeh an der Reihe, pulsiert und

Auch wenn es zwischendurch zu kitzeln scheint: Das legt sich wieder, wenn du dich auf die allumfassende Wirkung deiner Fußmassage einlässt.

energetisch aufgeladen zu werden. Die kleinen Zehen, die Ringzehen, die Mittelzehen, die Zeigezehen, die dicken Zehen ganz beweglich, ganz geschmeidig. Die Oberseite deiner Füße wird nun durchgewalkt. Jeder Zehenzwischenraum wird von deinen magischen Heilhänden massiert: die Sehnen bis hinauf zu deinen Fußgelenken, die Seiten deiner Füße und der Bereich um deine Knöchel herum ganz wohl tuend, ganz gesund.

Spüre der Wirkung nach

Nun verweile. Lass deine mentale Heilmassage nachwirken, lasse alle aufsteigenden Gefühle einfach zu: Alles ist in dir, alles ist dir möglich. Gar nichts tun, einfach deinen Körper, deinen Geist und deine Seele baumeln lassen Nichtstun, einfach Nichtstun. Spüre nach, wie »verklemmte« Energie frei wird und sich in pure Lebensenergie umsetzt! Wenn du im Tagesablauf deinen »Drei Lieben« (Körper, Geist und Seele) diese Tiefenwirkung gönnst, lass dir Zeit nachzuspüren und noch ein wenig auszuruhen. Wie nach einer medizinisch verordneten Massage. Nimm deine eigene, mental gelenkte Massage bitte genauso ernst.

Entspannen mit Nackenrolle

Ich habe erfahren, dass manche Japaner eine hölzerne Nackenrolle benutzen, um den Grad der Anspannung beziehungsweise der Entspannung zu messen. Diese Nackenrollen sind zwar im Handel erhältlich, aber du kannst auch die preiswerte Variante zum Testen wählen. Nimm ein Nudelholz oder eine gleichförmige stabile Glasflasche, und umwickle diese mit einem Tuch, damit das Volumen zum Ausfüllen des Nackenbereiches reicht. Lege dich in Rückenlage auf den Boden und deine Eigenkonstruktion in deinen Nacken. Entspanne dich, so gut du kannst, gib deine Nackenmuskeln frei. Werde geschmeidig, unterwirf dich dem unbeweglichen Gegenstand in deinem Nacken, er will dir nur helfen. Lass einfach los und schmiege deinen Nacken um diese »Hilfestellung«.

Register

Folgende CDs von Marita Hennig sind im Direktvertrieb erhältlich (Marita Hennig, PF 2339, 57383 Schmallenberg):

Autogenes Training (Erwachsene)
ISBN 3-9808189-2-6

Autogenes Training für Kinder
ISBN 3-9808189-1-8

Fantasiereisen für Kinder
ISBN 3-9808189-4-2

Progressive Muskelentspannung (Erwachsene)
ISBN 3-9808189-0-X

Progressive Muskelentspannung für Kinder
ISBN 3-9808189-5-0

Auf Wiedersehen und Dankeschön!

Ein Buch geschrieben zu haben ist ein wenig vergleichbar mit einer Schwangerschaft: die Freude über die Nachricht, das Wachsen des Inhaltes, das freudige Ereignis selbst. Ich sage Dankeschön allen, die mich in dieser »Schwangerschaft« begleitet und unterstützt haben! Meiner lieben Familie, meinen Patienten und Kursteilnehmern, natürlich auch dir, mein lieber »Fernkurs-Buch-Teilnehmer«. Es gibt immer im Leben wertvolle Überschneidungen, das sind die vielen Begegnungen zwischendurch.

Wichtiger Hinweis

Die im Buch veröffentlichten Ratschläge wurden mit größter Sorgfalt von Verfasserin und Verlag erarbeitet und geprüft. Eine Garantie kann jedoch nicht übernommen werden. Ebenso ist eine Haftung der Verfasserin bzw. des Verlages und seiner Beauftragten für Personen-, Sach- oder Vermögensschäden ausgeschlossen.

Literatur

Tarthang Tulku: Selbstheilung durch Entspannung. Heyne, München 1988
Caroline Myss: Chakren, die sieben Zentren von Kraft und Heilung. Knaur, München 2000
Dalai Lama: Das Buch der Menschlichkeit. Bastei Lübbe, München 2002

Bildnachweis

Umschlagfoto: FinePic
Fotos: Fotex/W.Heidl S. 18; Mauritius/Vidler S. 6 / A.Mayer S. 21 / Fichtl S. 22 / ACE S. 38 / Rosing S. 52 / T.Krüger S. 66; Plainpicture 0/ J.Goede S. 30.

CD

Gestaltung, Text und Sprache: Marita Hennig; Technik: H. Mertens; Musik: R. Kamlage

Bibliografische Information Der Deutschen Bibliothek

Die Deutsche Bibliothek verzeichnet diese Publikation in der Deutschen Nationalbibliografie; detaillierte bibliografische Daten sind im Internet über http://dnb.ddb.de abrufbar.

Projektleitung: Franz Leipold
Redaktion: Dr. Marion Ónodi, München
Herstellung: Jörg Alt
Bildredaktion: Sylvie Busche (Ltg.)
Umschlagkonzeption: Zero Werbeagentur, München
Satz: Quark XPress im Verlag
Reproduktion: KaltnerMedia, Bobingen
Druck und Bindung: Stürtz AG, Würzburg

Printed in Germany

ISBN 3-426-66909-9